誰《だれ》も知らない領事の仕事

異国の空の下、
邦人を守る

はじめに

二〇一三年現在、海外に長期在住する日本国籍者である在外日本人の数は、一二五万八二六三人。またこの年海外へ出国した日本人の数は一七四七万人にのぼる。つまり数百万人の日本人が常時海外にいるわけだ。これらの人びとに何か事が起こった場合、対処してくれるのが領事という名の外交官だ。

外交官には大別すると大使と領事があるが、両者の役目は異なる。大使の任務は「国を代表して派遣国に駐在し、派遣された国の政府と交渉し、それを自国に伝えること」を主とする。一方、領事の任務は、

・パスポートの発行
・わが国を訪問しようとする外国人を選別してビザを発行し、好ましくないものを排除する
・危険をさけるためのニュースの提供
・国民の避難あるいは援護
・証明書の発行
・戸籍や国籍の手続き
・健康問題、子供の教育問題、財産の保護

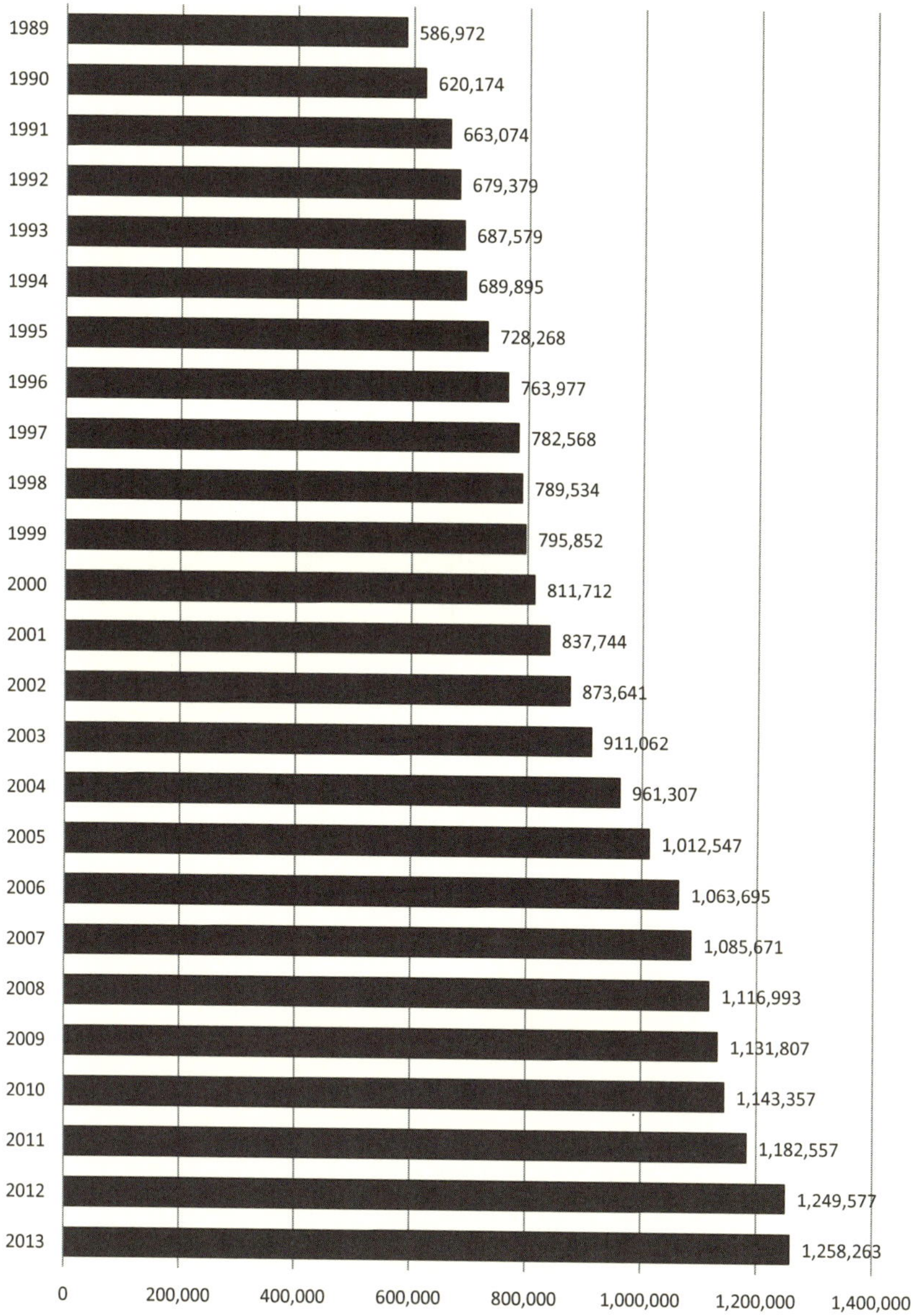

海外在留邦人数推移

出所：海外在留邦人数調査統計平成 26 年要約版（外務省領事局政策課）

・年金や選挙権など日本国内における権利をまもる
・海外にいる日本人の評判をまもり国への一体感をたもつ
・海外で亡くなった日本人の慰霊
・国際間の司法手続き
・日本の船舶の安全運航
など、多岐にわたる（『領事のしごと』大日方和雄著・有信堂より）。

在外交館の数は二〇一四年一月現在、二〇四（大使館一三六、総領事館六〇、政府代表部八）で、そこに約四〇〇〇人の領事官が配置されている。二〇一五年一月から二月にかけて、二人の日本人がＩＳ（イスラム国）に拉致され、殺された。このような世界情勢の中、領事の重責は増すばかりである。

本書は元ベテラン領事三氏による、在任当時の実話である。

日本の常識は海外の非常識

《大日方　和雄》（おびなた　かずお）

《著者紹介》
＊1939年生まれ
＊中央大学卒業
＊1959年より2003年まで外務省勤務。外務省退職後は外務省領事強化専門員となる。2000年にタイ王国プミボン王国より栄誉王冠勲章（第3等級）、2003年に第1回外務大臣川口順子賞を授与される。2012年、瑞宝小綬章を叙勲される。
＊赴任国
1966～1968年：象牙海岸共和国大使館
（現コートジボワール共和国）
1968～1971年：トルコ共和国
1976～1978年：オーストラリア連邦
1978～1981年：パキスタン回教共和国
1986～1990年：タイ
1990～2001年：香港
2001～2003年：アメリカ合衆国
＊著書:『領事のしごと』（有信堂）、『在外選挙　外国の制度と日本の課題』（インフォメディア・ジャパン・共著）

はじめに

短期間海外を旅行する、あるいは一定期間海外で生活する日本人は、国内とはすこし違った問題に直面することが多い。

「日本の常識は世界の非常識」などと言われることがある。確かに、日本国内の習慣だけを見て物事を判断すると、その結論は世界では通用しないだろうと思うことが多々ある。一例として、女性の行動について見てみよう。

我が国の治安の良さは世界に冠たるもので、深夜ミニスカートの若い女性が独りで町を歩いていても、売春婦だと見間違えられて見知らぬ男に誘われることはない。また、東京周辺では、終電の中で酔った女性グループの姿を見かけることもさして珍しくないし、居酒屋はしきりに「女子会」歓迎の宣伝を展開している。回りの者はこうした女性に対し、少々みっともない姿だとは思うが、男の酔っぱらいだっていることだと思い、取り立てて「ふしだらな女だ」とは評価しないだろう。しかし、外国にこの行動基準を当てはめることは不適当である。ヨーロッパでも、北米でも、あるいはアジアでも、若い女性が夜更けに一人で歩いたり、酔って人前で騒いでいたりすれば、世界で一番古い職業に就いている女性が職業上の必要に基づいて行っていると見るのが当たり前だし、その誘いに応ずる男が現れるだろう。普通の家庭の女性がそうすれば、家族を始め近隣の人からひんしゅくを買うことは請け合いだ。それだけならばまだしも、場合によっては貞操が危機にさらされるだろう。最も「貞操」という言葉は、我が国ではもう「死語」になっているかもしれないが。しかし、外国人との関係で邦人が何の気なしにとった行為に触発され犯罪が行われたとすれば、ある意味ではツミなことである。他人に罪を犯させないように意を用いることも成熟した人のありようだろう。

在外公館に持ち込まれる相談事や盗難報告などにかかわっていると、事件事故・相談事は、大きく①安全、②健康、③子供の教育、の三分野に分けることが出来る。これらはいわば在外邦人三大悩み事・関心事項である。この三大悩み事・関心事項について、よく考えてみると、それらは単に日本人にとってだけのものではなく、外国に住む全ての人にとっても同様なのである。また、国内に多くの少数民族や異教徒を抱える国（例えば、ブラジル、中国、パキスタン）においては、ここで言う「外国」とは、たとえ自国内であっても「（民族や宗教が）異なった人々が住む地域内」と置き換えることができる。ウイグル族やチベット族に対する中国政府の支配振りに関する報道には、同胞を扱う態度とはとうてい思えないような内容のものがある。

「国内の外国」について、一例を挙げる。かつてパキスタンに在勤していたとき、車でカラチ市郊外に出向いたことがあった。初めて行くところなので途中で道を間違えてしまい、シンド州の広い平野の真ん中にある小さな村を横切ったことがある。村の広場とおぼしきところにはろくに人影も見えなくてパキスタンにしては変な雰囲気であったので、車を止めずにそのまま通り過ぎた。カラチに戻ってから周囲の人に聞いてみたら、そこは極めて排他的なグループの住む集落で外来者を極度に警戒する、そんな所でぼやぼやしていたら殺されたかも知れない、と言われヒヤッとしたことがある。道理で村の広場に人がいなかったわけで、村人は武器を手に何時でも飛び出せるよう緊張しながら、屋内でこっちの様子をうかがっていたのに違いない。外国人たる私から見ればパキスタンという一つの国の中であり、しかも同じシンド州内の一集落だが、現地人から見ればそこは外国にも相当するわけである。その集落の構成員に何か用事が起こったときには、自分が居住する集落の長老など有力者を通じて先方の実力者に連絡を付ける必要があるのだろう。

現在、パキスタン政府はアフガニスタンから潜入しているというアルカーイダの掃討に努力しているが、ゲリラ要員がそうした集落に入っていたり、集落の構成員がアルカーイダに加盟したりしていれば、ゲリラ掃討が政府の方針であっても容易に実行できないであろう。そのように独立的な地方勢力があるので、中央政府とはいえ、一方的に統治できないというジレンマを抱えながら国全体を運営することの難しさは、外国人である我々にはなかなか判らないように思う。外国情勢、外国政府がとっている政策、または対日方針などを考えたり批判したりするに当たっては、このような相手側の国内事情をも十分考えなければなるまい。一般的に言えば、宗教や価値観など物事の考え方が異なる人達と暮らす時には、思わぬ苦労がつきまとうのは避けようもない。

在外領事は、海外で起こる日本人にかかわる事柄の全てをその担当業務としているので、この三大悩み事・関心事項についてもその解決に努力することとなる。

以下、私や同僚領事が体験した事柄を基にその内容をご紹介する。読者の皆様が外国を旅行する、あるいは長期滞在する際にこれらの体験談がお役に立てば幸いである。

なお、外国で働く時には言葉や習慣の違い、更には信仰や人生における価値観の違いなどから神経をすり減らす事が多い。そんな時、心を休める家族の存在は極めて大切である。私が領事として二十有余年にわたる任務を大過なく終えられたのは、ひとえに妻の目に見えない支えがあったからである。その事をここに強調しておきたい。

一　安全問題

海外における安全問題の中身は、大は戦争勃発や社会に大騒乱が起こってその地にいる日本人全員が国外へ避難しなければならなくなるといった深刻なものから、小はスリ・置き引きのようなコソ泥による盗難被害まで様々である。

日本人全体が巻き込まれるような大規模な事件よりも、コソ泥被害の方が日常的に発生するのでむしろやっかいな問題である。そもそも持ち物を盗まれるということは、気が付かないうちに顔を踏みつけられたような気分にさせられ、後味が悪く極めて不愉快なものなのである。その上、盗まれた持ち物がパスポートや旅行のための金銭であったりしたら余計に腹が立つ。短期の旅行者であれば、パスポートがないので予定通りに旅行を続けられなくなってしまうし、団体ツアーの一員ならば同行しているツアー客全員の日程に影響しかねない。また、我が国のパスポートは外国入国の際に信用があるので、外国に不正入国しようとしている者にとって垂涎の的である。アジアにあるといわれている闇市場に日本のパスポートを持って行けば高値で取引されると評判を取っている。パスポートの不正使用者の素性は売春婦、肉体労働者、スパイなど様々である。

昭和六二年（一九八七年）に、北朝鮮スパイ二名が、我が国パスポートを使い日本人旅客になりすまして大韓航空の便に乗り込み、機内に爆発物を仕掛けて飛行中の航空機を爆破し、乗客・乗員全員が死亡したという衝撃的事件があった。いわゆる大韓航空機爆破事件である。若い女性犯人逮捕のニュースが世界中を駆け回ったことを未だご記憶の方もいるであろう。

更に、北朝鮮の最高権力者の息子が日本人になりすまして我が国へ入国しようとしてパスポートの不正使用が発覚したこともある。その目的や動機は今もって明らかではなく、一部にはその者は放蕩息子で日本へ遊びに来たなどと言われているが、そんなことはあるまい。おそらく我が国に潜んでいる同国スパイと接触しようとしていたのであろう。当時の外務大臣は、この者の犯罪目的や動機などについて十分な捜査をさせずに、直ちに同人を国外へ出すように指示したが、この措置は真相を闇の中に覆い隠す結果をもたらした。あるいはこの時、この男の引き渡しと引き換えに、北朝鮮に拉致された邦人を取り返す、というやり方もあったのではないか。一国民として、絶好の機会を逃したことは、かえすがえす残念でならない。

戦争や騒乱は滅多に起こるわけではないので、途上国など日常的に政情不安定な国に滞在していない限り、そう気にしているわけではない。しかし、日頃起こりがちな侵入盗の被害や生活する上で感ずる不安（例えば、見たことのない者が頻繁にうろついている、大規模なストライキがあるらしいと使用人が言っていた、デマかも知れないが本当だったら大変だ）などについての情報を交換する場として、在外公館と在留邦人とが一体となって安全対策連絡協議会を作っている。在外公館からは領事・警備官などが、在留邦人側からは関心がある者（邦人が多数滞在している場合には日本人会の役員等代表者）が、それぞれ参加して自由に意見や情報を交換している。

本書では、海外からの邦人大挙引き揚げ事例については、当時の経験者による報告が別途あるのでそうした大事件は省略する。以下に、まず、海外で頻繁に発生し件数も断トツに多い「コソ泥」から話を始めることとする。

（一）バイキング食卓からの置き引き

団体ツアーの観光旅行者がよくやられるのは、バイキング・スタイルの食卓からハンドバッグなどの持ち物を持って行かれるケースである。あちこちの観光施設を見学し、さらにバスで移動するなどびっしりと詰まった日程によるツアーを終えホテルに入り、ろくに休む間もなく食堂に案内される。そこでやれやれと少し寛いだ気持ちになることができる。そして食べ物を取りに行こうと、同じ食卓についた人が揃って席を立ってしまいがちなのだが、その留守にテーブルの上やイスに置いておいたバッグを置き引きされるケースである。

同じツアーの参加者で、しかも食卓が一緒になった人を一人だけ残して他の者が連れだって食べ物を取りに行くというのは何とはなしに気が引けるし、一人残った者は見知らぬ所で一人ぼっちになって不安な気持ちになってしまう。また、みんなで料理の品定めをしながらあれこれ食べ物を選ぶ方が楽しいのでついリラックスした気持ちで全員一緒の行動になってしまうが、その隙を狙われるのである。団体ツアー客の心理を充分に掴んだ、なかなかの知能犯の手口である。

堂々とした構えのホテルやちゃんとしたレストランにそのような不審者が紛れ込んでいることは、ホテルや店の信用にもかかわるだろうし、このような犯罪が後を絶たないことは日本人の感覚ではちょっと考えられないが、外国では、客の監視は案外ルーズなのである。身なりさえ変でなければ、つまりその場の雰囲気を壊さない程度の服装をしていれば、誰でも自由にレストランに入れる。これは当然のことであるが、しかし中に入った後、客が何をしているかは余り気にしていない。レストランにいる従業員は客にサービスすることには細心の注意を払っているが、客の荷物には関心がない。誰が、どのような持ち物を、何処に置いたか、ということまではほぼ見ていない。例え客が帰りがけに忘れ物をしたとしても、それはサービス担当の従業員の守備範囲ではないので、食卓の後片付けをする専任の従業員以外誰も気が付かない。日本のように店内にいる従業員が全体を見ているシステムではないので、常習的置き引き犯が、さして怪しまれずに、テーブルの間を徘徊するような結果となるのである。

これを防ぐには、同席者の内の一人か二人がボランティアとして席に残って、そこにある荷物を監視するのが簡単で最良の方法なのである。しかし、その実行は難しいと見え、今なおこの手の置き引き被害は後を絶たないのが現実である。

置き引きにあった被害者は悲惨な状態に陥る。お金やパスポートがなくなり、翌日からのツアーが続けられるか危ぶまれる。日程変更となればツアーの他の人に迷惑がかかるし、自分一人がここに残されるのはもっと困る。また、ツアーを予定通り続けられても、泥棒にあった後では旅を楽しむ気分になれない。折角大枚を払い、楽しみにしていた海外旅行が台無しになってしまう。領事部の窓口にはそんな不安を抱えた人がしばしばやってくる。パスポートに関する法律の範囲内で何とか最善の方法を考え、気分良く旅を続けて貰いたいのが領事の心からの願いなのである。しかし、常にご希望に添うのは難しい。

なお、この犯罪例では、一部にレストランの経営者側も一味とグルで犯人側から盗品の上前をはねているという噂があるが、それはあまりにひどい話なので、少々勘ぐりすぎであろうと思いたい。

（二）　飲食店での置き引き

＊イスの背もたれから＊　日本人が、レストランや飲み屋で座席の背もたれにバッグをかけて連れ同士話に夢中になっている隙に、いすにかけておいたショルダーバッグを持って行かれるという犯行手口がある。一九八〇年代後半に、タイのバンコクではこの手口が流行っていた。犯人が暗躍するのは日本食を出すレストランなどで、仕事を終えた日系企業の駐在員が憂さ晴らしに熱中しているところを狙われることが多かった。もちろん犯人は駐在員だけをターゲットにして

いたわけではないので、そうした日本的な雰囲気に惹かれて入った邦人旅行者も餌食となった。観光地の印象などを身振り手振りで話して盛り上がっているときが犯人のつけいり時であった。

店は高級レストランではなく庶民的な食堂が多く、テーブルを並べた店内を客やサービスをする従業員が動きまわれるようになっている。犯人は客のふりをして店内にたむろしていて、頃合いを見計らって、狙いをつけた客のテーブル脇を通りすがりざま、イスの背もたれからバッグを取り上げて持ち去るという手口である。また、その場で見とがめられたら、酔っていたので自分の物と間違えたと言い逃れる。何とも悪賢い手口である。

犯人は、アルコールが入って注意が散漫となっている客を狙うので、バッグが持ち去られたことに気付かずにいて、いざ帰るときになってバッグがないことに気が付く。その時には犯人は既に立ち去っていてあとの白浪という寸法である。

二〇余年を経過した今なお、外国からの報告をみると、バイキング・スタイル・レストランや大衆的飲食店ではこうした置き引き被害が後を絶たない。

領事としてはこれまでにも随分注意喚起の情報を出しており、旅行業者も顧客に注意するよう呼びかけているのだが、今でもかなり被害が出ていることは何とも悔しい限りである。犯人が鞄などを持ち去るやり口が、外見にもよほど自然に見えるらしい。

＊ハンガーにかけた背広から＊

大部屋にテーブルを並べて何組かの客が飲食出来るように

なっているレストランで、勤め帰りの邦人が背広を脱いで近くの壁に掛けて友人と飲食していたところ、帰る際に背広の内ポケットに入れておいた財布を抜き取られていることに気がついた、というケースもあった。近くの壁に同じように衣服を掛けた者が、自分の衣類をとる時にその邦人の財布を抜き取ったのであろう。犯人は慎重に観察して狙いをつけて、自分の衣類を狙ったものの脇に掛けるなどして、周到な準備をした上での犯行である。

対策としては、脱いだ背広類は畳んで手元におく、財布をはじめ貴重品は背広に入れずに別のバッグに収めて手元におく、などの方法が考えられる。しかし、盗難を予想して行動することは、気分的にはかなり難しいのが実情であろう。そこでそのような対策を生活習慣に組み込んでしまうのがよいのではないか。貴重品をどのように身につけておくかを体で覚えておき、意識せずに財布をきちんと管理するようにする。カバンの類は足下のイスにもたせかけ足に触れるようにする、背広などは目の届く範囲内に置いておき、常に監視しなければなるまい。あるいは、常時監視していなくても、少なくとも監視できるようにしておく。時折わざと鞄に手を触れる、などの行為をして、盗難に用心していることを他人に見せる事も大事なのである。こうした小泥棒は相手が用心していると見れば手を出さない、と聞いたことがある。

食堂や飲み屋で友人同士無駄話をすることはストレス解消に最も効果的な手段で、その際に常に盗難に気を使っていては、ストレス解消どころではない。かえって逆効果となってしまう。そうした席では気を緩めて時を過ごすことになり、国内ではいわば誰でもがこんなふうに過ごすことがあるものだが、それは日本国内特有の治安が良く保たれているという社会的システムがあってのことなのである。高度な治安に支えられている日本のルールは、世界では通らない事が多いのである。

＊パブのテーブルの下、鞄は流れる＊

また、二〇〇〇年に起こったロンドンの事例では、仕事を終え会社近くのパブ（背の高い少し大きめのテーブルに複数の人が寄り、立ったままビールなどを飲むのが普通）に入り、同僚とビールを飲みながら歓談をしている時に、テーブルの下に置いた鞄を置き引きされた、というケースがあった。犯行現場を目撃した者が居ないので確たる事は判らないのだが、次のような手口であったと思われる。

同じテーブルの別のコーナーにいた者が、足で鞄を少しずつ移動させ、手の届くところまできてから、帰るふりをしてその鞄をさも自分の物のように取り上げて持ち去る。大人がテーブルにかがみ込んでごそごそしていれば直ぐ見とがめられるので、おそらくカモフラージュ役の共犯者がいて、犯行実行者の動きが目立たないよう周辺の注意を自分の方に引きつけるため大声で話し合ったりし、あるいは体を使って犯行を目隠ししていたのであろう。少しアルコールが回り、時間的にも店が混んで来る頃合いを見計らった犯行である。人の心理を読んだ上で十分計画をねり、またしっかりと訓練を積んだ頭脳的な犯行と言えよう。なお、後から聞いた話では、その近辺のパブでは似たような被害が出ていたと言う。

ロンドンに限らず、世界の何処でも大都会には様々な人間が流れ込んできていて、小泥棒はいたる所で目を光らせている、と考えるべきなのである。

(三) スリさまざま

＊集団スリ＊　ヨーロッパでは路面電車が未だ活躍している都市があり、路面電車がほぼ姿を消してしまった日本からの旅行者の間で人気の移動手段となっている。また、北米ロスアンジェルスの坂道を走る路面電車は映画にも良く登場し、親しみがある風景だ。路面電車は何となく人の郷愁を誘うものを感じさせる。

ヨーロッパの路面電車に乗っている時に、車内の奥から降りようとする人に急に押されて、びっくりして思わずその人の方に気を取られている隙に、ハンドバッグやデイパックから財布をすられると言う被害はよく起こっている。被害はかなり前から起こっていたのであるが、今でも続いている。

これは、狙った人を数人で取り囲んで周りから見えないようにした上、被害者の体を押して注意をそらせる者、品物をスリ盗る者、スリ盗った品物を持ち運ぶ者など予め役割分担をした組織的なスリ集団である。刃物を使い被害者を負傷させた例はあまり聞かないが、ハンドバッグの紐を切る、あるいは、鞄やバッグの脇を切り開いて中身を抜き盗る手口は報告されているので、刃物は携行しているのだろう。危険な集団である。

子供を使う手口もある。ローマの古代都市遺跡（フォロロマーノ）周辺では、グループをなした子供たちが観光客につきまとい、安物の土産品を買うようせがんだり、物乞いをしたりしながら、隙を見て財布をスリ盗る。日本人も含めて観光客の被害は尽きず、旅行業者の間でもその事はかなり知れ渡っていて、ローマで市内観光をする団体旅行参加者には特別に注意を呼びかけている。

私が在勤していたロンドンでも、市内中心部リージェント・ストリートにある有名デパート入り口周辺の歩道上にそれらしき姿の子供たちがたむろしていて、狙いをつけた観光客の前後に幼い子がつきまとって注意を惹きつけながら、後ろにいる少し年長の者がデイパックの口を開け中身を失敬する手口が頻発していた。現場の少し離れた歩道には子供を指揮監督する母親らしき者がいて、被害者を選ぶなど手でいろいろ合図を送るなどしており、組織的な常習犯罪者である。

昔、イタリア映画でスリの手口を詳細に描いたものがあった。長距離列車内、駅の切符売り場、バスの乗り場などでスリ盗る場面を撮影した映画であったが、当時これを見ながらこうした映画が時折上映されれば、スリ対策を考えるときの参考になるのではないか、と思った程である。映画を見ていて、スリは犯罪行為であって悪いことをやっているのだと思いながらも、犯人の指先の器用さに感心したものである。

最近、我が国では韓国人の集団スリが東京都内のＪＲ車内を荒らし回っている。これは指先の名人芸によるスリではなく、狙った者を集団で取り囲み、ハンドバッグや財布などを強奪する強盗である。そして犯行がばれ捕まりそうになると、出刃包丁を振り回して抵抗し、あるいは線路に飛び降りて電車の運行を妨害しながら逃走するという、誠に危険極まりない輩である。母国の韓国でもやっていたのだろうが、日本人の方が金持ちで、また現金を持ち歩く者が多いし、スリにとって稼ぎが良いので移動してきたのではないか。密入国者もいると聞くが、中には一度捕まった者で再び舞い戻ったりしている者もいるようだ。こんな輩については、入国に当たって厳しく審査して排除すべきである。

＊背負ったデイパック、胸ポケットから＊

香港での経験。人混みの中で若い女性がデイパックを背負って歩いていたところ、後ろから近づいた者がパックの口を開け中に手を入れた瞬間を目撃したことがある。その日は香港島のビクトリア公園でお祭りがあり、大勢の人が集まっていたのであった。以前に、中国人のスリ集団は捕まりそうになると刃物を振り回すことがあると聞いていたし、そのスリは単独犯ではないような気がしたので、声をかけることが出来なかった。

また、私自身もシャツの胸ポケットに入れておいた腕時計をスリ盗られたことがある（幸い安物の時計だった）。これは、九龍サイドからのフェリーから降りた際に、香港島の船着き場で子供が釣りをしていて、その子の魚籠に何が入っているのか、体をかがめてのぞき込んだときにやられたらしい。子供をダシにしたスリ・グループの所行であろう。

香港島のフェリー乗り場はスリ・グループの稼ぎ場となっている。手口は次のようなものである。まず、おとりになる者が、そこにとまっている船に乗る振りをして乗船口周辺で日本人などの前に立ちふさがる。当然その人は前に進めないのでまごまごしている隙に、後ろから仲間が財布を抜き取る。あるいはその船に急いで乗るかのようにして、乗船口で行列を作って待っている人の後ろから体を押す。急に後ろから押されて何をするのかと気を取られている隙にスリ盗る、と言う手口が多い。スリ被害は、邦人だけが対象というわけではないし、市内のあちこちで頻繁に起こっており油断できない。

これらは常習的なスリの犯行であるが、スリはどこの社会にもいて、虎視眈々と獲物の隙を狙っているのだ。

＊眠っている最中に＊　中南米やアジアなどで、青年旅行者が長距離バスを使って移動しているとき、旅の疲れから思わずうとうとしてしまい、気が付いたときには膝の上に置いたカバンから貴重品だけを抜き取られていたというケースや、足下に置いた荷物がそっくりなくなっていたというケースが報告されている。多くの場合、長距離バスは血気盛んで体力もある青年達が利用するので所持金はたいしたことはなく、被害の程度はそう大きくないとはいえ、有り金をそっくりやられるので旅行の継続に支障が出て、まことに気の毒である。

日本では電車やバスなどの公共交通機関の車内でうとうとしている姿を見るのは珍しくもないが、これらの事件のように、本来は見知らぬ人の間で眠ることはかなり危険なことなのである。オーストラリアのシドニーで市内バスに乗っていたとき、若い女性がうとうとしていたところ、傍にいた老齢の婦人が起きるようにとつついているのを見たことがある。余談ながら、シドニーあたりではまだ高齢者の社会的地位も高く、社会の規律保持のために余計だと思われようともお節介をするのであろうが、翻ってみると、私も含め我が国の高齢者は、おかしな光景に出会っても何も言わなくなってしまっている。どちらがより良い社会なのか考えねばなるまい。

また、ユースホステルは、文字通り青年男女が利用し、海外に出掛けた折には、外国の青年と知り合う楽しみの上に、ホテル賃の節約も兼ねてそうした所に泊まる事もある。しかし、一九八〇年代にはユースホステルを利用した青年邦人が、夜間睡眠中に現金やパスポートなどの貴重品を盗られる事件がしばしば起こった。大方、その日相部屋となった初対面の外国人が、行きがけの駄賃に失敬するのであろう。また、ホモ行為を仕掛けられたという話も聞いたことがある。いかに善良そうに見えても見知らぬ人と同じ部屋で寝るのはいかにもリスクが高い。そして多くの日本人は上等なカメラなど持ち物が豊富なので、ともすれば外国人の欲望を刺激しやすい。物を盗るのは犯罪だしそれを弁護するつもりはないが、目の前に無防備な状態で欲しい物があったときに、人は目がくらむことがあるという人間性を持っていることを知らねばならない。特に、そこにいる者が欲望を十分制御できない若者の時には危険が増す。他人が罪を犯さないよう所持金や持ち物の管理方法に心を配るのも、人として必要なマナーの一部なのである。財布は人前では出来るだけ見えないようにする、高価な品は人に見せない、等の気配りが必要だろう。友人から聞いたことであるが、ある金持ちのヨーロッパ人は、招待した友人が室内の写真を撮ることを許可しない。高価な絵画や置物があることが外部の者の目に触れて、盗難事故が起こるのを警戒しているのだという。そこまでの警戒は行き過ぎかも知れないが、旅の途中では所持品の管理についてもちょっとした心配りをした方がよいこともある。最近でも、ホテルやユースホステルで就寝中に賊に侵入され、現金・パスポートなどの貴重品を盗まれる被害が発生している。

＊目を離した荷物は無主物？＊

変わったところでは、インドを旅行中の邦人が、ある駅でトイレの個室に入ろうとしたが、中が狭いので持っていたザックをトイレ入り口に置いて用を足して出てきたら、ザックが消えていたというケースがあった。トイレの個室に入るときに荷物を外におくことは日本ではときたま見かける光景だが、それはいかにも治安がよい日本的なやり方なのである。また、電車や列車の網棚に手荷物を置いておいたところ、降りる時に見たら消えていたというケースもある。日本でもこんな手口の置き引きが発生しているが、アジア、ヨーロッパを問わずこうした被害が頻繁に起こっている。

世界では持ち主のいない、あるいは誰も見張っていない品物は、「拾われて」も文句は言えないのである。あるいは、少なくも拾った物を警察に届けるというルールがほぼ確立している国は少ないと言える。

最近アメリカ合衆国で起こった例だが、大金を拾ったホームレスがそれを警察に届けたため、お金は無事持ち主に戻った。マスコミがそれを報じて、大変な美談として全米で評判になった。これを受けインターネットでこのホームレスに募金することが呼びかけられ、拾ったお金よりも多い額が集まってそれがホームレスに渡された、と伝えられた。日本では、三億円を拾った人がそれを警察に届けた例もあり、拾ったお金を届けるのはさほど美談とも思えないのだが、世界では、失くしたお金が警察に届くことは希なのだ。

また、セキュリティーがやかましいアメリカ合衆国ならば、持ち主のいない物が見つかれば、不審物としてあつかわれ、付近を立ち入り禁止にして警察の罰発物処理班が出動することだろう。北米在勤中の出来事だが、ある空港の女性トイレで持ち主のいないバッグが見つかり、空港が一時閉鎖されるなど大騒ぎになったことがある。これは地方から出てきた中年女性がトイレに手提げを置き忘れたものであったのだが、それが判るまでは大変で、結局騒動の最中に、忘れ物に気付いた女性が戻ってきてバッグを持ち去り、一件落着となった。これなど笑い話で済まされるが、アメリカなどの昨今のテロ事件を考えると、持ち主不明の品物に対しては厳重な警戒態勢をもって臨まれることにもなる。我が国でも「列車内に不審物があったときには駅員や警察官に通報して下さい」との車内放送があるので、雰囲気はご存じの方も多かろう。

ここにあげたスリ、荷物の持ち逃げ・置き引きはいずれも同じ車両やバスに乗り合わせていた者、または同じ駅利用者の犯行であろうが、単独犯ではないので盗られた物は直ぐに誰かに手渡されて持って行かれてしまい、急いで付近を探しても品物は見つからないのが普通なのである。

＊路上などで＊　外国の都会の道を歩いているときに、前を行く者がポケットから小銭をばらまくように落とす。後ろにいた邦人旅行者が、親切心も働いて、思わず路上にかがみ込んで小銭を拾ってやっている隙に、後ろから来た仲間の者が財布をスリ盗る、あるいはバッグや鞄を強奪する手口もよく聞く。この手口の変形版が、エスカレーターを使ったものである。エスカレーターに乗っていると、前に立っていた者が降り口で急に足を縺れさせてもたもたしはじめる。直ぐ後ろにいる邦人が転びそうになり、手すりにつかまったりしておろおろしている隙に、邦人の後ろに立っているスリの仲間が財布や所持品を盗る手口である。

また、観光地を歩いているときに、前から来た者がすれ違いざまに衣服の肩・腕などにアイスクリームをつける。相手は詫びを言いながらハンカチで大仰に拭き取るようにする。むろん邦人自身も自分のハンカチを取り出して拭き取ったりするのだが、そっちに気を取られている隙に、後ろから来た者が財布をすり盗る。場合によっては手助けに寄ってきた者が犯人とグルで財布をすり盗ることもある。

また、観光地の路上で歩道の車道寄りを歩いているときにバイクで近寄ってきた者が肩にかけたバッグをひったくる手口がある。その対策としてこれまで、バッグの紐は「タスキがけ」にした方がよいと広報してきた。こうしていると犯罪にあったときにバッグの安全は一応守られるのだが、反面、紐がはずれないために体を引きずられて転倒して怪我をする危険があり、実際怪我をした人がかなり出ている。結局、有効な対策としては車道寄りを出来るだけ歩かないと言うことになろうが、細々と神経を使わねばならず、かくては、海外旅行もあまり愉快ではない。

東欧や途上国では偽の制服を着て警察官を装ったスリがいる。不法換金、偽札所持、偽造クレジットカードの行使の疑いとか、さまざまに難癖をつけ脇道に連れ込み、財布の中身を出して見せるよう要求してくる。制服の真贋は良く判らないし、本物の警察官と信じて要求に応じ財布を見せると、子細らしく紙幣を調べた後容疑が晴れたと言って財布を返してくる。ホテルに帰ってからよく数えてみると紙幣が抜かれていたことが判る、という手口である。

ヨーロッパの観光名所では、記念写真を撮ろうとして小物入れ用のポーチなどを足下に置きカメラのシャッターを押していたところ、僅か数十秒の間にそれを持って行かれた邦人もいる。その中には、大抵現金やクレジットカード、更にはパスポートが入っていて、旅行が続けられなくなってしまうのである。

あるいは、出発の支度をして、ホテルや空港のロビー・ソファーに座っているときなどに、近づいてきて話しかけたり、タバコの火を貸して貰いたいなどと言ってきたりする者がいる。一般に外国語が苦手な日本人は、こんな時には大抵緊張してしまい、話しかけてきた者への応対にしどろもどろになってしまうことが多いのだが、その隙に、反対側から忍び寄った仲間の者が脇においてあった荷物を持ち去る、あるいは上着やデイパックから財布をスリ盗る、と言う場合もある。

これらの被害は、現在でも世界のあちこちで発生している。もちろん邦人だけが被害に遭うのではないが、いつ何時被害者になるか判らない。日本のように安全な国とは大違いで、見知らぬ人が大勢集まる場所には、危険が充ち満ちていると考えていた方が良いのであろう。

(四) 持ち物の盗難予防対策

総じて、外国では東西を問わず、持ち物を体から離すこと、あるいは目の届かない所に置くことはかなりリスクを伴う行為なのである。日本では、ホテルのバイキング・スタイル食堂で皆が揃って食べ物を取りに行くに際して持ち物をテーブルに置いて行くことは当たり前だし、飲み屋の追い込み座敷で背広を脱いで壁にかけることに不安は感じない。最近の日本は治安状態に少し変化が出てきて物騒になったというが、まだ安心して暮らせる社会なのである。

タイの例である。ある日本人旅行者が、外国では盗難事故が多いと聞いていたのでその対策として、財布・パスポートなど貴重品をウエスト・ポーチに入れ、旅行中はそれを常に腰に巻いていた。旅行も終わり出発のため空港につき、搭乗・機内持ち込み荷物の保安検査・出国申告など煩雑な手続を済ませ、ようやく出発便の待合室に着いた。これで安心やれやれと思い、それまで煩わしく感じていたウエスト・ポーチを外して脇のソファーにのせておき、日本の新聞を読んでいた隙にポーチを持って行かれたという事件があった。旅行中我慢をしながらせっかくウエスト・ポーチを付けていたのに、最後の土壇場で役に立たなかったわけである。何ともお気の毒であるが、やはり旅行は自宅に着くまでは油断できないのである。

ヨーロッパや北米などの空港でチェックインをする時に、手提げ鞄を脇におかずにわざわざ股で挟んで、チケットやパスポートをカウンターの上に両手で広げている光景を見かけることがある。立派な背広姿の紳士然とした人がそのような格好をしているのを後ろから見るといささか見栄えが悪いように思えるのだが、格好を気にせずそうする背景には、貴重品は体から離さないことが無用な盗難事故にあわない秘訣なのだという、社会の暗黙のルールがあると思う。そんな不用心な社会は味気ないのかも知れないが、多民族が混在して生活せねばならない世界の現実なのである。

（五） 品物の抜き取り

＊チェックイン・バッゲジから＊

私が初めて海外出張した一九六四年（昭和三九年）頃、外務省の先輩から聞いた渡航の心得の一部で今でも耳に残っていることがある。それは、航空機にチェックインしたスーツケースから物を抜かれることがある、だから貴重品はチェックイン・バッゲジに入れてはならない、特にローマの空港は危ないので、ローマが目的地ならば仕方がないが、出来るだけローマを経由しない旅程を組んだ方がよい、というものである。確かに到着地でチェックインした荷物を受け取りホテルでスーツケースを開けてみると、毎回ではないが、ケースの鍵はチャンとかかっているのに中身を探られた形跡が見つかることがある。もちろん貴重品は入れていないので、ははあ、空港で荷物を扱う者がやったな、と思ったものである。おかしいと思うのは、スーツケース自体がなくなることはあまりない。時たまその便のチェックイン・バッゲジの量が多くて積み残され、数時間後の次の便で運ばれて来る、あるいはバッゲジが未着であるとのクレームをした後、間違えて別の行き先便に乗せられてしまったため、思わぬ空港から発見されるということはあった。結局、スーツケースをそっくり盗らないところがこの手口のミソなのである。その後、ローマでのそうした事件はあまり発生しなくなっていたのだが、最近読んだ外電に、ローマ空港のチェックイン・バッゲジからの抜き取り事件が増えており、空港作業員の監視を強めているとあった。なんと伝統の技はちゃんと受け継がれていたのだ！ローマ空港の例ばかりを挙げて恐縮であるが、経済の調子が悪いと犯罪に走る者が増えることはいつの世でも同じである。

最近は航空機の安全検査のためと称してチェックイン・バッゲジには施錠しないことを求めら

れている。以前、アメリカ合衆国に行った時、そのような検査態勢が始まって間がないせいもあったのか、事前にスーツケースに施錠しないようにとの説明がなかったので、いつものようにケースを施錠したままチェックインしてしまい、目的地でケースを引き取ったら、鍵がめちゃくちゃに壊されていたことがあった。航空会社に抗議したが官憲がやったこととして取り合ってくれなかったし、そのスーツケースは修理不能で遂に使い物にならなくなってしまったことがあった。これでは、ローマ空港の盗人の方が未だましではないか、と八つ当たり的に思ったことである。なお、それ以来、職務があってやむを得ないとき以外、アメリカ合衆国には行かないことにしている。

こうした事例からも分かるように、チェックイン・バッゲジは必ずしも安全な状態で運ばれるとは考えない方が良い。例え短期間の海外旅行であっても、スーツケースに、金銭、貴金属などの貴重品（世の中には市場価値はないが個人的に大事な品物もある）を入れるべきではない。

＊船便引っ越し荷物から＊

海外に何年間か勤務し帰国するときには、どうしても荷物が多くなってしまっているので、船で荷物を運ぶことになるのだが、船便貨物からの抜き取り盗難も深刻である。私は外務省在職中八カ国に勤務したので、船便を使った引っ越しは合計一六回になる。その都度、引っ越し荷物として梱包した品物、たとえば、任地での記念として求めた比較的値のはる装飾用品（タイで買った貝殻を薄く削り綺麗に飾り立てたランプ・シェードがなくなったことは今考えても残念でならない）・絵画（名画ではないにしても思い出がある）、あるいは日本製の使い慣れた釣り竿（これも大事にしていたので悔しい）や家庭用品（妻が使い込んだもの）などなどが目的地に着かなかったのである。送るときにコンテナ一つを借り切るほどの荷物量があれば、相当厳重に施錠もでき、盗難事故はより防げようが、個人の引っ越し荷物はそれほど多くはないので結局他人の荷物との混載となって、思うような安全対策はとれない。毎回何割かの品物が抜き取られるだろうと覚悟しながら、泣く泣く荷造りをする羽目になるのだが、何とも悔しく、かつ情けない。

船荷を扱うには、船舶運送業者、保税倉庫の管理者、税関吏、陸上輸送業者、などなど様々な人が関与するので、管理がルーズになりがちで、盗難の危険度はかなり高くなる。俗に「引っ越し貧乏」と言うが、別の観点から、その意味するところをしみじみと味わってきた次第である。

（六）いかさまトバクに誘いこむ

タイ、香港、インドネシアなどのアジアからトルコに至るまで、主として若い旅行者を狙ったいかさまトバクによる詐欺事件が発生している。この手口は二〇年以上前から使われており、以来今日まで連綿として被害は尽きない。手口は単純である。

街角で片言の日本語で親しげに話しかけられる、自分（時には友人が）は日本にいたことがあるが日本はとても良い国で大好きだ、日本では大変親切にして貰ったので自分の家に招待したい、あるいは、近く自分の妹が日本へ技術の研修に行くので日本の事情について話を聞きたい、また簡単な日本語の挨拶を教えて貰いたい、などと持ちかけてくる。承知するとタクシーでその男の家なるところに連れて行かれる。予めそこにいた男も加わってビールなどを飲みながら話をしているうちにトランプ・ゲームに誘われる。初めのうちはずいぶんと勝つが、そうした頃合いに、これまではゲームの練習を兼ねた遊びであったが、あなたは上手くて強いのでこれからは金銭を賭けてやろうという話になる。レートを決めてゲームが始まると、次々に勝ち、相手はトランプの名人だ等としきりに持ち上げてくる。そこでさらにゲームを続けて行くが、やがて負けがこんでくる。そこで、なんとか負けを取り返そうとするのだが、焦れば焦るほど負けてしまう。やがて有り金全てを取られ、それでも足りずにカードで貴金属などを買わせられて、それを換金して負けを支払えと言われる。そして連れて行かれた貴金属店は一味と通じていて事情を全て承知している。そこの店で一八金と称する安物の鎖や指輪を高く売りつけられる。次に行く貴金属買い取り店（我が国では質屋などの古物商）も同様に一味とグルであって、足元を見て買いたたくので、邦人はここでも損をする。

　または、少しバリエーションを変えて、連れて行かれた家の別室にカジノで働いているプロのトランプ師がいる、二人で組んでいかさまゲームをしてその男から金をだまし取ろうと持ちかけることもある。うまい話につい引き込まれ提案に同意すると、直ぐにプロのトランプ師なる男を連れてきてゲームを始めるが、やはり、最初は驚くほどに勝つのだがやがて負けてくる。実はこの男は相手の仲間であって二人がかりでいかさまをしているので、どう頑張ってみても勝てるわけがない。後は先ほどと同じ結末となる。

相手は全てグルになっていて、最初はわざと邦人に勝たせ、やがて勝負に熱くなってきたところで全てむしり取るといういかさまゲームなのである。また貴金属を買わされたり、それを古物商で換金したりさせられるが、彼らも一味で、安物を高く売り買いしているのである。結局、被害邦人は博奕で騙され、次いで貴金属店、買い取り店にも騙され三重に損をさせられるのである。後で冷静さを取り戻して騙されたと気が付き警察に行って詐欺にあったと訴えるが、犯行の場となった彼らの家を探そうとしても、見知らぬ町をタクシーで連れて行かれただけなので具体的に何処にあるか分からない。また、もともと博奕は非合法なので警察もなかなか取り上げてはくれず、結局泣き寝入りせざるを得ない羽目になってしまう。

我が国でも、時代劇を見ていると、やくざの親分が素人を賭博に誘い込む手口がえがかれている。最初はいかさまトバクで大勝ちさせて、他方では子分どもに命じて素人を大いに持ち上げさせ良い気分に持って行く。暫くして、いかさまを使って、勝ち運に見放されて負けがこんできたように仕向け、心理的に勝負におぼれさせる。それを見計らってから、おもむろに身ぐるみむしり取るというものである。時代や国が変わっても手口は一緒なのである。最近は時代劇を見る若者が減っていると聞くが、我々の世代はこうした映画を見て、絵空事ながら世の中の悪の仕組みの一つを知って社会勉強とした。そんな勉強の道を残しておくのも悪くはないだろう。

（七）睡眠薬強盗（親日ごかしの悪党）

いかさまトバクと似たような手口ではあるが、もっと悪質な犯罪に睡眠薬強盗があり、主としてアジアでやられている。次のような手口である。

片言の日本語で親日家を気取り近づくのはいかさまトバクと同じである。誘われるまま相手と一緒に観光地を回り、喉が渇いたといって公園のベンチで一休みすることとなり、相手が近くの露天商から買ってきてくれた缶入りジュースを勧められる。その際、親切にわざわざ缶のタブを取ってくれることもある。邦人は、折角の親日家からの好意であり断るのもどうかと思い、加えてジュースは缶に入っていて缶は目の前で開けてくれたものであり中に変なものを混入してはいないだろうと思い、それを飲んでしまう。程なく猛烈な眠気を催し、後は前後不覚となる。気が付くと、もといた公園ではない道ばたに転がされている。所持品はむろん全て消えているし、時には衣服まで脱がされていることもある。

また最近の例では、数人の女性グループが親日家と称して邦人女性に近づいてきて、やがて歓迎宴をすると言って自宅と称する所やレストランに招き、そこで睡眠薬入りの飲み物をすすめる。それを知らずに飲んだ邦人が意識を失ったところで所持品を奪う、と言う手口も発生した。被害者は見知らぬ所に放り出されているのである。

また、最近東欧圏で起こった例では、安宿にチェックインした直後に、ボーイらしい男が部屋にコーヒーを持ってきたので、邦人は宿が出してくれた「ウェルカム・ドリンク」であろうと思いそれを飲んだら、直ぐに朦朧となり寝込んでしまった。半日後に目を覚まして荷物を調べたら、現金やカメラなど貴重品がそっくりなくなっていた、と言う。いずれも睡眠薬はかなり強いものでジュースやコーヒーを飲んでから半日以上も意識不明となっていて、病院で必要な手当を受けて初めて目を覚ますケースも希ではない。

香港であった事件では、犯人は邦人旅行者を映画館に誘い込み、映画の休憩時間に缶入りジュースを飲ませた。その人は映画終了後眠り込んでいて、起こそうとしても反応しない状態にある者として保護されている。病院で治療を受け意識を回復したのを見計らって邦人から色々話を聞いたが、その人は睡眠薬強盗被害があることは聞いており、缶入りジュースを飲む前に一瞬これが睡眠薬強盗の手口かと思った、と言っておられたのが印象に残った。事前の睡眠薬強盗警戒についての広報活動は有効であって、将にご本人の予感は的中していたのだが、被害を防ぐことが出来なかったのである。多分それほど犯人の態度は自然であったのだろう。

この事件では強力に香港警察の捜査を求めて種々相談を重ねた結果、やがてフィリピン人からなる犯人グループを逮捕することができた。犯人を起訴した後、香港警察からの要請を受けて、法廷で被疑者が犯人である旨の証言をしてもらうため、被害者に連絡を付け再度香港への渡航を求めた。幸い被害者もこれを受け入れてくれたので、最終的に犯人グループは有罪となったのである。香港警察の担当官は、容疑者を逮捕起訴しても法廷で被害者の証言が得られないと証拠不十分として無罪となってしまうのだが、多くの旅行者は被害証言をしてくれないで困っていた。今回の被害者の協力には深く感謝している、と述べていた。

私がこの事件について香港警察に密接に接触し捜査を強く要請したのは、この事件は人命にかかわる重大な犯罪であったからである。いわば瞬時に効果を発生させるような強い睡眠薬は、持病がある人にとってはむろん、少しでも体調が悪い人にとっても重大な結果を招くであろうし、身ぐるみ剥がれて道ばたに転がされていれば、目覚めて意識がもうろうとしたまま歩き始めて、走行中の車にひかれることだって起こりうる。また、見方を変えれば、この事件は親日家を装い日本人の善意につけいる特に卑劣な犯罪で、日本との友好関係にひびを入れるかも知れないからであった。

なお、この睡眠薬強盗事件は現在でも被害が出ており、犯行が行われる地域もこれまでのアジアからヨーロッパに広がってきている。海外旅行者、なかんずく外国語ができ現地人とコミュニケーションがとれる人は、妙に親しげに近づいてくる現地人に対しては充分に警戒すべきである。これまで睡眠薬強盗によって命を落とした例がないことは不幸中の幸いではあるが、いつ何時深刻な事態になるか知れない。観光地などでやたらに近づく者は何か下心があるのが普通であって、単純に、親日家で日本語が話したかったというのはごく希である。

日本では、電車に乗っている見知らぬ外国人に英会話の勉強のためと称して英語で話しかけることが流行ったことがあったが、それは将に日本的な現象であって、世界ではなかなか通用しない感覚なのである。むしろ、極端に言えば、「今目の前にいる旅行者と言っている者は、自分らの作っているこの社会で泥棒を働くとか、社会を攪乱するとか、何か変な下心を持っているのではないか」、と勘ぐる方が自然だと言えよう。

（八）交通機関の事故

＊自動車＊　日本国内でも自動車による事故はかなり深刻な被害を残す。昭和四〇年代には「交通戦争」という言葉が使われ、事故撲滅が叫ばれている。一九七〇年の交通事故死者は一万六千余人であったのだが、それから四〇年経った二〇一三年には四千四百余人に減った。死亡者が減ったこと自体は良いとしても、この数字は依然として悲劇的な数字であろう。
海外で交通事故にあう人も決して少なくない。有能でこれからを嘱望されていた私の友人の娘は、短大の卒業記念旅行先のニュージーランドで、酒に酔ったマオリ人が運転する自動車にひか

れ命を落とした。運転者は常習飲酒者であったが、ニュージーランドの裁判所の判決は同人は無罪であった。その理由は、同人は事故当時酩酊していたため意識が正常でなく適切な判断が出来なかったので責任能力なしと言うもので、あまりの非道さに、私の友人は在日ニュージーランド大使宛に手紙を書き、子を理不尽にも失わされた親として、その悲痛な心情を訴えたが、大使からはなんの返事もなかった。私は外務省に勤務していながら、この件についてなんにも友人の力になってやれず、苦しむ友人を慰める言葉がどうしても見つからなかった。これが、今の世界で行われている事柄の実情なのである。

タイにいたときのことだが、レンタカーを高速道で運転中に事故にあい負傷した若者がいた。幸い現場がバンコクに近かったので、直ぐに近くの病院に運ばれＩＣＵ室で集中治療を受けることができた。報せにより日本から駆けつけた母は、容態が安定するまではＩＣＵへの入室もままならず、ただ窓越しにしか息子を見ることが出来ない。領事とはいえ、その母にどんな慰めの言葉がかけられようか。日本から急遽駆けつけてきたときに空港に出迎え、病院に案内するまでの車中の何と長かったことか。ホテルを手配し部屋の使い方や食事のオーダーの仕方を説明し、翌日の車の手配をする。何とか少しでも身辺の雑事に心を煩わせないように、息子を案ずることに専念できるような環境を整えることしかできないのである。怪我をした邦人はしばらくの入院を余儀なくされたが、やがて航空機に乗れるところまで回復し、母に付き添われて帰国できたのは、誠に幸いであった。

かつて、トルコに在勤していたある日本大使館員は、休日に首都アンカラ郊外へ家族共々ドライブに出た。終日風景を楽しんでから帰る途中、アンカラに住む邦人がドライブ中に交通事故に巻き込まれているのを目撃した。トルコ語の専門家であったその館員は家族を一旦自宅へ連れ帰った上、事故処理に協力するため単身事故現場へ引き返し、トルコ人警察官と邦人の間の通訳として活動していた。ところが、その事故現場に別の車が突っ込み傍にいた館員は不幸にも殉職した。日本でこの事故と彼の献身が報道されたかどうか、私は知らない。

＊航空機＊　航空機の事故は実に悲惨の一語に尽きる。タイに在勤していた四年強の間に三度にわたり邦人が乗った航空機事故に出合った。

ヴェトナム航空機が、豪雨の中かなり無理をしてバンコク空港に着陸しようとして失敗、機体が二つに折れ炎上した事故があった。この便にはヴェトナムにある日本大使館員が重要文書を運ぶという公務のため搭乗しており、空港に出迎えに行った大使館員から直ぐに変事が知らされた。この事故により、館員の安否と携行していた文書の行方が懸念されたのである。事故現場に行き捜索に加わったのだが、油と消火液の匂いに辟易した。私が到着した頃、既に遺体と負傷者は救急隊員が収容していたので、現場での重要文書捜索は別の担当館員に任せ、領事による捜索は遺体と負傷者の確認に向けられた。変死体の安置と司法解剖用の施設はあるのだが、冷凍室に入りきれない遺体は床や廊下に直かに置かれていた。その中を館員の姿を求めて探し回ったのだが、生前会ったことがないのでなかなか確認できない。アジア人と言うだけでは傷ついた遺体を日本人と見分けられないのである。遺体安置所の有様はここではとうてい書くことが憚られる。ただ「無惨、修羅」に尽きる。

この事故は朝発生したので、初日の遺体捜索の途中昼食時となった。遺体は未だ確認できず事故処理は長時間にわたることが予想されたので、私は領事部員に、捜索を一時中断して体力保持のため食事を摂るよう指示した。もちろん自分もレストランに同行してテーブルについたのだが、現場や遺体の状況を思い出すと気分的にはとても食べられない。しかし任務を続けるため体力の保持は絶対に必要であると思い、サンドウィッチを口に運び無理やりコーヒーで流し込んでいた。そこへバンコクに駐在する顔見知りの邦人新聞記者が来て事故の取材を始めたのである。こっちは仕事を続けるため昼食を無理に食べている状態であって、事故現場の様子は思い出したくもないのだが、相手はそんなことはお構いなしである。遺体安置所の内部の詳細情景や身元確認の見通しなどについて色々質問してくるのだが、この時は本当につらい思いをした。向こうも仕事なのだろうが、かなりタフな神経の持ち主であったのだろう。あるいは、何回も事故取材をしていてそんなことに慣れていたのであろうか。

結論的には、事故の知らせを受け駆けつけた遭難館員の夫人が多くの遺体の中から辛うじて見分けることが出来たのであったが、地獄のような情景の中、夫を捜しながら歩き回った夫人の気持ちを思うと心が痛い。

別の事故である。やはり豪雨の中、着陸を諦めたタイ航空の国内便が、出発地点に引き返そうとして旋回、上昇しようとした際に突然起こったダウンバーストにやられ、機体を山腹にたたきつけられるという事故があった。ダウンバーストは気象の急激な変化で強力な下降気流が生ずるもので、高空を飛行中の飛行機がそれに巻き込まれ数百メートルも下降して乗客や乗務員が天井にたたきつけられ負傷することもある。この事故では着陸を断念して上昇しようとした直後であったためか飛行機には充分な高度がなく地面に激突してしまったのである。この便には邦人が一〇人乗っていたが、残念ながら生存者は一人もいなかった。火災は発生しなかったのだが、遺体は骨がくだけるなどして損傷が激しく、外観上の判別はほとんど不能であって、辛うじて衣服で人物を見分け、血液型などの医学的方法により人物を特定するしかなかった。収容された遺体を確認するため家族の方々を病院にご案内したのだが、脇にいてもその痛切な気持ちが伝わってきてお慰めの言葉も出ない。タイ航空社員による事故の状況や原因の説明があったのだが、もちろん日本語によるものではなく、通訳にあたった大使館員はどうしても言葉が詰まりがちであった。

バンコクから離れたリゾート地でタイ航空が墜落したことがあった。空港の管制官の指示が不適切であったため、当時上空にいた二機の航空機が接近してしまい、その内の一機が衝突を避けようとして失速状態となり海上に墜落してしまったのである。バンコクでは当初、乗客等がボートで救助された、というニュースが流れ、やや安堵したのだが、じきにそれも誤報と判り、日本人がよく使う便であることもあって騒然となった。しばらくして、やはり生存者なしと報じられた。遺体は海上から収容されたが収容作業は困難を極めた。陸上に収容された遺体は、近くの学校の体育館に収容されたのだが、熱帯でもあり気温は高く、急速に無惨な状態に変化していった。バンコクから領事部員を派遣して、遺体の確認・遺族の対応等に当たったのだが、極めて過酷な任務であった。交代と休養のため、現地からバンコクに帰還した館員は憔悴しており、いくら洗っても体からは終日間異臭がとれなかった。それでも、数日後にはまた事故現場に戻らざるを得なかったのであった。遺族も苦しむが、それを支えようとする領事部員にとってもつらく苦しい日々が続いたのであった。最近では、災害現場に出動した救助隊員に対する事後的メンタルケアの必要性が言われているが、在外領事に対してはそのような気配りが言われたことはない。それでも、海外で領事は今も黙々と任務を果たしているのである。もちろんそうした過酷な勤務から心を病んだ職員もいる。

＊船舶＊　香港ではフェリーボートによる九龍・香港島間の移動が盛んである。大きな事故は発生していないのだが、小さな事故は無数にある。接岸が完了するまでは座席を立たないよう船内放送があるが、せっかちな香港人はお構いなしに下船口に群がり、下船のステップ（大型船ではタラップと言うが）が下ろされると我勝ちに降りて行く。しかしこれが危ない。静かに接岸できればよいが、潮流の関係があるのか、操船が下手なのか、ドンとばかりに岸にぶつかり、フェ

リーが大揺れして立っている客がなぎ倒され、または手すりに打ち付けられて負傷することがある。私が香港に勤務していたときには深刻な海運事故が起こらなかったのは幸いであった。報道によれば、フィリピン、インドネシアなどの島嶼国では島々を繋ぐ大型フェリーが沈没する事故が時々起こっている。また、イタリアでも大型の観光遊覧船が岸に近づきすぎて座礁沈没したことがある。

こうした島を結ぶフェリーなどは、原則的に乗客名簿を作っていないので、事故が発生しても乗客の中に邦人が居るかどうかを確認することはかなり難しい。結局、家族や友人からそのフェリーに乗ったらしいという通報を得て、邦人の周辺の人・切符売り場、そして最終的には病院を尋ね回るしか方法はないのである。

(九) 精神錯乱・情緒不安定

＊香港で海に飛び込んだ若者＊

一九九〇年代に香港で起こったケースである。総領事館の勤務を終え帰宅し、夕食を終えたときに、香港警察から海に飛び込んだ邦人青年を保護したとの電話があった。取り敢えず事情を聞かなければならないので警察に飛んでいった。くだんの邦人は若い男性で、衣服は支給されたものに着替えたのであろうか、ずぶ濡れではなかったが若干青ざめていた。警察官によれば、海に飛び込むことは別段犯罪ではないが、生命にかかわるので救い上げ、警察に連れてきた由。自殺をするのも自由だが、目の前で自殺を図られては止めざるを得ないではないかと言う。他方、本人は、日本から兄が死んだとの連絡を受け悲しくて海に飛び込んだ、と言い、海に飛び込んだ理由をそれ以上ハッキリと言わない。自殺を図ったわけではないらしい。また、宿泊先を聞こうとするのだが、チェックインしたホテルがある所に行ったのだがホテルが見当たらないし、もちろん部屋もなく、そこにいる人間も知らない者ばかりだった、などと支離滅裂で理解が出来ない。警察官に少し落ち着くまで留置しておいてくれないかと頼んでみたが、犯罪者でない者を留置場に入れられないと、誠にごもっともな回答。更に相談した結果、とりあえず精神病院に入って貰って、明日の朝改めて善後策を考えることとなった。警察官から緊急入院のために必要な連絡をつけて貰って、私が付き添って病院に送り届けたのだが、本人は何ら抵抗せず素直に入院した。

翌朝早く病院から電話連絡があって、病人でない者を入院させてはおけないので、直ぐに邦人を引き取って貰いたい、とのこと。そこで、病院に行き、退院手続きをして本人を車に乗せた。本人は、昨夜の印象とは全く違い口調もハッキリしており、車中で昨夜来の顛末を話すと、昨夜のことは記憶になく、なぜ自分が病院にいたのかも判らない。また、自分には兄はいないし、いない兄が死んだというような連絡が来るはずもない、などと言い出した。所持品はホテルに置いてあるはずなので、昨日まで滞在していたと思われるホテルを探すこととなった。

大体の方角と周辺の様子を聞いて、邦人等が泊まる安宿に見当を付けてその一角へ行って何軒か宿を回ってみた。そのうち一人の香港人が邦人の顔を見て、「今までどこへ行っていたのか、宿賃が支払われていないので荷物を事務所へ持ってきておいた」と言う。本人もだんだん記憶が戻ってきたようであったので、早速宿賃を支払わせた上、荷物を点検したが、なくなった物はなく、帰りの航空券も入っているという。そこで、その足で空港へ直行して一番早い日本行きの便にチェックインし帰国させることとした。空港への道すがら、昨晩変な薬物を使ったのではないかと聞いてみたが、本人からはそのようなことは一切ない、との返事であった。しかし、薬物でなくとも、何らかの幻覚をもたらす物を、本人が知ってか知らずかして、摂取したに違いないのである。アジアにはマジック・マッシュルームという幻覚作用を起こす興奮性の毒キノコがある。そんな状況の下では、また何が起こるか判らないので、何時までも香港に居させては本人のためにならないと判断したのであった。

＊マカオで情緒不安定となった女性＊

マカオが未だ中国に返還される前のポルトガル領であった頃のことである。マカオの移民局の係官を名乗る者から香港の日本総領事館に、邦人女性がマカオにあるカジノの男性従業員複数名に近づき風紀的にも芳しくない状況（彼の言い方はもっと露骨であった）に置かれている。移民局で話を聞くのだが意思が通じないので手助けをして貰いたい、との要請があった。マカオは在香港総領事館の管轄下にあり、そこにいる邦人にかかわるトラブルは援護任務の対象となる。そこで私がマカオまで出向いた。当時香港・マカオ間は空路はなく、水中翼船で約一時間の距離であった。

女性は中年の小柄な人であったが、声が大きくかなり甲高い話し方をする。マカオ移民局の中国人係官が英語と広東語とで、名前を聞き、パスポートを出すよう言うのだが、通じない。あるいは通じない振りをしているのかも知れない。私が日本語で同じ事を言ってみても、一方的に喋るのみで我々からの話には全く応じようとしないのである。喋っていることも支離滅裂で意味をなしていない。試みに言っていることを英語に直して係官に伝えてみると、通訳を間違えたのではないかという顔をされてしまうので、変な内容だがこれがこの女性が言っていることだと言い訳をする始末である。マカオの移民局にも女性が正常でないことが判ったので、医師の診断を受けるよう手配してくれた。

診断の間を利用して係官にマカオにおける女性の行状を聞いてみると、書くのも憚られるような、かなりひどいものであったので、女性の名誉を守るためにもよく我々に知らせてくれたと感謝の意を伝えたりした。医師の診断は、出来るだけ早く入院加療を要する状態であるとのことで、今後の保護のこともあるので総領事館がある香港に移送することとなった。しかし、ポルトガル領であるマカオを出国する手続きや本人の所持品とおぼしきものの整理など様々な手当が必要であって即日移送することは出来ない。マカオと香港の移民局の間には連絡ルートがあり、移送の日取りや港からの移送方法など準備万端整ったところで、再度マカオに出張して移送実行となった。むろん日本総領事館が邦人移送と入院については責任を持たねばならず、私が付き添うことになっているのだが、本人は船に乗ることを拒み大声を上げ暴れるなどするし、覚悟していたこととはいえ周囲の注目をあびるなどの一騒動は免れなかった。フェリー運行会社側の援助も得て、何とか香港まで移送し、救急車で入院させることが出来た。

それから治療のための医師面接に通訳として立ち会うなど連日の援護業務が始まった。数カ月の治療が功を奏してやがて旅行が出来るところまで回復し、日本から家族と邦人医師の派遣を得て帰国して行き、円満解決の運びとなったのであった。

家族の話では、日本にいた時から入退院を繰り返していたとのことであったが、外国へ出て行くことに伴う環境の激変は心理面に悪影響をもたらしたようである。

＊現代版「安珍清姫」物語＊　これは、私の同僚領事が取り扱ったケースである。東欧圏のある国に在勤していた領事の元へ現地警察から相談があった。日本人の若い女性が其の国の若者の後を追ってやってきたのだが、行動が常軌を逸している。男性はこの女性との交際を嫌がっているのだが、女性はどうしても交際したいとして連日つきまとっている。若者からの相談を受けて警察も説得を試みたのだがどうしても納得しない。しまいには交際できないのなら自殺すると言って市内の川に飛び込もうとする始末でとんと困っている、とのことであった。男性によると、かつて日本に留学中その女性と知り合ったのだが、特に恋人関係ではなく、大勢の中の一友人で

あったという。しかし、どうやら女性側は恋人になったと信じてしまったらしく、青年が帰国した後を追って単身やって来たのである。

どうかすると自殺しかねないと思うと領事もそのまま放ってはおけないので、女性に面会して男性の意向などいろいろと話をするのだが、納得しない。その内だんだん行動がエスカレートしてきて、宿泊先のホテル内でも物議をかもし始め、遂にホテルが宿泊を拒否し、荷物共々女性を追い出してしまった。行き先がなくなった女性は、夜昼かまわず男性の住居や勤務先へ行くのだが、周辺の人も男性を庇い全く相手にしてもらえなくなった。ここまで来ると川に飛び込むしかなくなるわけだが、いくら自殺は個人の自由に属するとはいえ、そんなことをされると間に入って説得に当たった領事も寝覚めが悪いので何とか自殺を阻止したい、となった。

この女性のことは、私の所へも相談の電話が頻繁にかかるようになっていたのだが、相談の詳細を聞いている内に、紀州道成寺に伝わる昔の「安珍・清姫伝説」を思い出して、その現代版を聞くような印象を持った。まれに見る「純情恋愛物語」と言えばそのとおりだが、現場にいる在外領事としては、この女性の恋慕を何とか無事終息させなければならず、ここで評論家を気取るわけにはいかない。同僚とも相談し、いろいろ知恵を絞りあれこれ考えたのだが、結局、現代版「清姫」の身の安全確保を最優先しなければならないので、一旦病院に収容した上、日本の家族に迎えに来て貰うしか方法がない、との結論になった。

その後、担当した領事が、女性をさまざまになだめすかして入院させ、心が落ち着いてから、何とか帰国して貰ったと聞いた。

なお、我々の先輩領事の時代には、このように行き先がなくなったケースでは自宅に連れて行って泊まらせるのが一般的であったのだが、私はそれはやらないことにしていた。泊まらせた邦人が自宅で暴力をふるう、あるいは自殺でもされると本人の家族から普段の監視が不十分であったのではないか、などとクレームをつけられても困るし（まさか殺したとは思われないだろうが）、そうでなくとも、家の物を盗まれても困る。私のある先輩領事は単身赴任中であったのだが、相談に来た困窮邦人旅行者を見かねて家に泊めたところ、奥さんが日本からわざわざ送ってくれた日本食の缶詰を、この邦人が冷蔵庫から勝手に取り出して、全て食べられてしまった、と言っていた。奥さんが夫を思い、商店を回って買い集めて、それを丁寧に梱包して航空便に仕立てて送ってくれた努力は、無神経な邦人によって、あっという間に無駄になってしまったのである。

そもそも自宅は私的休養の場であって、仕事を続ける体力を回復する貴重な場である。仕事で、悲惨な事故現場や被害者の深刻な状況を見聞きし体も心もへとへとに疲れていても、帰宅すれば妻が笑顔で出迎えてくれる事にどれほど癒されたことか。健康管理に意を尽くし、領事として恥ずかしくない身なりを整えてくれるのは妻である。困った邦人のために、おにぎりを作ってくれるのも妻である。そうした家庭での団らんがあってこそ、翌日にはまた元気を取り戻して職場に戻って行けるのである。家庭は私にとって、掛け値なしに命の源であるのだ。そこに見ず知らずの者を招き入れ、生活を乱されるのは耐えられない。なるほど海外旅行中事故にあったりして困っている邦人には、同胞として気の毒に思うことは毎々であるが、私は宗教家ではないので、己の身を殺してまで他人に尽くすことは出来ない。

＊薬物を使って心乱れた人＊

パキスタンは隣国にアヘンの一大生産地アフガニスタンを控え、その世界ではアヘンの密輸ルートとして名を馳せている。パキスタン人実業家の知人が、盲腸の手術を受ける必要が生じたときに、麻酔薬は自分で調達するように言われ、ヤミの社会からアヘンを微量手に入れてきた、と言っていた位である。そんなお国柄なので、麻薬の誘惑に負けた邦人若者が地方都市に入ることもあった。

カラチにいた一九七〇年代後半であった。薄汚い邦人青年が総領事館に現れたが、何を言っているのか判らない。言葉にならないようなことを呟くのみであった。衣類もひどく汚れ破れていて、何ともはや、乞食でもこんなのは最低のグループに属すると思われるほどであった。当時事務所は一般民家を借り上げたものであって一角に風呂の設備があったので、まずそこのシャワーで体を洗わせた。その間に妻に連絡して自宅から衣類一式と簡単なサンダルを取り寄せ、シャワー後の男を着替えさせてから、話を詳しく聞いてみた。

話をつなぎ合わせて推察すると次のようなことらしい。数カ月前までパキスタン北部に滞在していた。自分でも良く判らないのだが、その後歩いてカラチまでやって来た。全て歩いたのか、あるいはヒッチハイクをしたのか、自分でもはっきりと分からないとのことだった。確かにかなりの距離を歩いたらしく、履物をはかない裸足の足は傷だらけだったのだが、かなりたくましい状態になっていた。よくもまあ田舎道を無事に歩き通したものだと感心したことである。

当然ながら、パキスタンの滞在許可はとうに切れているので、いわゆる不法滞在者となっているわけで、先ずその辺から手続きしなければ、日本に帰ることも出来ない。そのためにはかなり時間がかかるだろうし、その日の宿泊先を何とかするのが先決でその手配にはいる。むろん文無しであるので、日本の留守家族に援助を求めなければならない。それやこれやとあちこちに電話をかけるなどして大急ぎで処理し、安いホテルに送り込んだ。

十日間以上の努力の末、この若者にかかわる不法残留問題や麻薬の使用などにからむ諸々の問題点全てを解決させることができたので、帰国することとなった。家族からの送金を受けてホテル賃を支払い、航空券を買う。送金してきたものを本人に渡すとすぐに麻薬を買ってしまうので本人には渡さず、支払いは全て領事が取り仕切り、後から精算書を家族に送ることにしてある。航空便を予約して空港まで連れて行って出発時間を待っている間に、待合室をうろついていた変な男から麻薬のような物を買いそうになり、慌てて引き離すという一幕も起こった。家族からの送金からホテル賃などこれまでにたまった経費と航空切符代を払った残金を雑費支払いのため本人に渡していたので、その金を使おうとしたのであった。そのことに気がついたので良かったが、もしそのままにしておいたら、麻薬を売った者が報奨金目当てで警察にその邦人が麻薬を所持していると密告し、直ぐに警察に捕まったことだろう。待合室には大勢の旅客がいるのだし、よりにもよってこの邦人に何故アプローチしてきたのかと不審に感じた。一度麻薬にとりつかれた者は独特の雰囲気を持っていて麻薬の販売人にはそれがわかるらしく、販売人がまとわりつく傾向が見られるのである。そして中毒者は、麻薬のせいでこれまでいかに危険な状態にいたかをすっかり忘れて、見境なく麻薬に飛びつくのである。こうした者はもはや善悪の判断をする能力を全く失っていて救いようがない。

＊妄想の果て＊　薬物を使用すると色々な妄想が浮かんできて、それが楽しくて薬物が止められなくなり、やがて中毒者の仲間に陥る、と聞いたことがある。私は職務上妄想に駆られた中毒者をずいぶんと見てきたが、もちろん薬物を使用したことはないので、どんな妄想か想像もつかない。

ヨーロッパのある都市で起こった出来事である。若い邦人男女が秘密のパーティで覚醒剤を使い、妄想を楽しみながら暗い夜道を歩いていた。町を貫く大河に架かった橋の途中で突然男が立ち止まり、これから空を飛ぶと言い出し、両手を広げ橋から空へ向かって飛んだ。そして、万有引力の法則通り、男は下へ落ちてゆき、飛びだした所がたまたま橋のたもとに近かったため、河の中でなく岩だらけの岸辺に激突した。結果、本人の体は経験が教えるとおりとなった。

同行していた女性は幾分妄想から醒めていたので、あるいは元々あまり妄想に捕らわれていいなかったのかもしれないが、常識どおり救急車を呼び、警察が駆けつけて次いで大使館に通報が来た。領事が病院に行き事態を把握してから、日本の留守宅に連絡をつけるため、一緒にいたという女性に男性の身元を聞こうとしたのだが、日本の留守宅どころか死者の正確な名前すらも判らないという。その男女は、同じ学校に留学しており、もう数カ月以上同棲していたという説明であったので、一瞬こちらの質問の意味が分からないのかと思ったのだが、女性は質問の意味は判っている、ただ死んだ男のことについては何にも知らない、という。そこで、死亡したことを日本の家族に一刻も早く知らせる必要があるし、住んでいる部屋には本名など身元の特定につながる事柄が書かれたメモ類、または日本からの手紙もあるだろうから、一緒に連れて行って貰いたい、と言ってみたのだが、死んだ男との思い出がある場所なので今は怖いし部屋に行きたくないと、頑強に拒む始末である。部屋に薬物があったとしても、既に彼らが薬物を使用したことは明白になっており、今更隠しても仕方がないであろうに、頑なに案内しようとしない。正規の結婚をしていなかったにせよ、数カ月間も同棲していた相手が死んでいるのである。名前はおろか死者の連絡先すらも言わず、挙げ句に部屋に入ることも拒んで、事故の後始末に一切かかわらないとは、どんな神経をしているのか。これも薬物の影響なのか、と思った程であった。それまで、薬物によって事故を起こした若者とかなり出会い、様々な処理を行ったのだが、こうした対応をする若者は初めてであった。

日本への連絡は一刻を争うことであるし、この女性を説得してみてもらちがあかないので、警察に頼んで部屋を強制的に開けてもらった。警察も身元や覚醒剤使用の経緯捜査のため部屋を調べる必要があったのである。部屋にあった所持品から本名やパスポート番号などを突き止め、日本の留守宅に連絡をつけることが出来た。こうしたことは、留学しているという学校に聞けば全て判るのだが、夜の時間帯であり、既に閉まっている学校事務所に問い合わせることが出来ないのでやむなくとった措置であった。男の日本の留守宅は老舗の商家であって、日本から直ぐに母親が駆けつけてきた。外国に留学させ、さぞ将来を期待していたに違いない息子を亡くし、その悲嘆にくれる有様は、傍で見ていても気の毒であった。母親は息子が女性と同棲していたことを知らなかったのだが、それでも死んだ息子の最後の時に一緒にいた者であるので、くだんの女性と面会して息子の留学中の様子などを比較的冷静に聞いていた。さすが老舗の世慣れた婦人で気丈であると感心した。

妄想は、それがたとえ麻薬に起因するものであろうと、その人のそれまでの人生経験の中にあったものから生まれるのであろうと思う。日本の童話本に、純真な心を持っていた頃の子供は、空を飛べると信じて羽ばたけば空を飛べる、というものがあった(タイトルも作者名もおぼえていないが)と記憶している。覚醒剤で妄想を抱いたこの男子学生は、子供の頃このような空想的な童話を聞かされてきて、大人になった後も、覚醒剤で心を浄化すれば空を飛べる、と妄想したのであろうか。

かつて、イスラエル・テルアビブ空港の到着ロビー・チェックイン荷物引き取り場で、日本赤軍の日本人メンバーが乗客に向かって無差別に発砲し、多数のプエルトリコ人を殺害するという事件が起こった。数名の犯人はその場で自爆したのだが、犯人らの内たった一人が自爆できないで生き残り、イスラエルで裁判にかけられた。世界中が、事件の真相と狂信的ではあろうが日本赤軍の主張が明らかにされるものと注目したのであるが、その男は法廷で氏名など些末なことに答えた後、「自分は空に輝く星になりたい」と述べたのである。男は外国語が全く駄目であったので法廷通訳がついていたのだが、通訳には発言の趣旨が判らず、結局その発言どおり逐語的に通訳した。全員がイスラエル人であった判事も検察官もこれを全く理解できない。何度聞いてみても同じ事を繰り返すのみで、その言葉にどんな意味があるのか判らないまま、どうやら精神に異常を来しているのではないか、となった由であった。ところで、日本の童話には、死んで星になった人、周りの人のために尽くして落命し星になった人などが登場するものがある。この男もそんな童話で育って夢物語を信じていたのかも知れないのだが、論理を重んずる人にとっては、自分の生命を賭けて赤の他人を多数殺害した凶悪犯の男が、自己の信ずる主義主張を明らかにすべき法廷で、そんな夢想を語るとは想像も出来なかったのではないか。確かに、訳もなく無差別に人を殺すのは精神異常者の所行以外のなにものでもない、と思うのは当然である。結局この犯人たる男は、「日本人は何とも理解できない民族で、不気味である」との印象を世界にまき散らす役割を果たしたのみであった。

最近「千の風になって」という歌が流行っている。死者は、お墓におらず、眠ってもいない、風になって吹いている、と言う。これまで信じられていたような死後の眠りが否定されている。そうなると、人は終局的には安息を得られないことになり、人生はかなりつらくなるであろう。人は死後の安息を求めており、生きているときには多少苦しくとも死後に安息を得られるという一縷の希望を持って努力しているのではないか。また、日本語には、「一風変わった者」とか、「一陣の風」とかの表現があるが、風を「二つ、三つ、……千」と数えるのは随分変わった物言いだと感じている。更に言えば、風は静かに吹いているだけではなくて、時には台風や竜巻だって吹く。死んだ後も、人はそれだけの風になるとしたら、それだけでも大変だ。生きている人を恨んでそんな風になる、と言うのだろうか。

空を飛ぶとか、星になるとか、千の風になるとか、そうした童話・歌詞をどんな意図で書いたのかは知らない。しかし、日本古来の童話、あるいはヨーロッパのグリム童話、イソップ童話など人生の隠された真相をさりげなく子供達に教えようとする童話世界といかにかけ離れていることか。子供に夢を与えると言うが、とんでもないような夢想をそれこそ「純真な心」をもった子供に広めて良いのか。そんな話や歌で育った子供の行動が間違った悲惨な結果をもたらしたら、どのような責任を取るのか。聞いてみたいとも思う。また、これからの薬物中毒者の妄想には、台風や竜巻になって世界中を吹き荒れるようなことも入ってくるのであろうか。

（十）自殺、殺人

＊香港の不審死＊　一九九〇年代のことである。当時私は香港の領事を務めていた。ある日事務所に中年の男性が訪れて面会を希望してきた。早速応接室で話を聞いてみると、高齢の父親が香港にやってきたのだが、帰国予定日を過ぎても帰らないし、連絡もないので家族揃って心配している、父は生真面目な人柄で、遊び呆けて家族に連絡しないなどと言うことはあり得ない、とのことであった。何らかの事故に巻き込まれて自分から身元を明らかに出来ない状態に置かれていることも考えられたので、香港警察に届けることとして、邦人男性を警察に同行して事情を説明した。

警察には交通事故に遭遇して身元が判明しないまま入院中（意識がない）の人や身元不明死亡者のリストがあり、それらを丹念にチェックした。入院患者の中にはそれらしき人物は見当たらなかったので、死亡者リストにつき、性別、推定年齢、体格からそれらしき該当者をピックアップした上、いちいち遺品と遺体の写真を点検していった。何件かのデータの内からどうも該当すると思われる人の遺品を保管庫から出して貰い、手にとって確かめてみた。その結果、はいていたズボンの内側に洗濯屋のタグが付いており、それが行方不明になった人の家で普段利用している洗濯屋のものであることに気がつき、その遺体が行方不明となっている方であることが判った。

添付されていた調書によれば、遺体は、香港九龍サイドの街はずれにある人家から少し離れた斜面に生えている林の中で、縊死した状態で発見されたとなっていた。遺体発見の直後警察が付近を捜査したところ、遺体が発見された当日の前夜から発見された時までの間に人が争うような声を聞いた者はおらず、林周辺の草むらにも争ったようなあとはなく、遺書らしきものは見当らないが、状況から見て自殺と判断した由であった。衣服には身元を示すものが何にもなくて、家族を捜すことが出来なかったが、行方不明者の捜索願のどれにも該当しなかったので、暫く遺体を保管した後火葬に付して遺骨を保管している、との説明であった。

定められた一連の手続きを済ませ、故人のご子息は遺品一式と遺骨を受け取り一旦帰国することになった。帰国連絡のため事務所に来られたご子息は、「父が自殺するとはどうしても考えられない、香港で同行者がいたらしいのだが、周辺から聞いた限りではこの人の言動が腑に落ちない、睡眠薬のよう物を飲まされ意識がない状態で縊死させられたのではないか、と思い遺体の血液検査をして貰いたいのだが、当時香港警察は血液検査をしなかったし、また血液を保存していない、父は火葬された後であるので血液の検査が出来ないのは残念だ」、と言っておられた。

ご遺族が遺骨と共に帰国してひとまず事故処理が済んでから、私としても、ご子息の言葉もあり死亡の真相について気になっていたので、密かに闇の社会に繋がりのある香港人に接触した。そしてこの事故について、闇社会の中で邦人を殺害したとか、殺害しているのを見たとか、何か参考情報がないか調べてもらった。その結果次第では香港警察に再度捜査を申し入れる事も辞さない心づもりにしていたのだが、その線でも不審な情報は何も得られなかった。

そして暫くしてから、香港警察からこの人について死因を特定するための裁判が開かれることになって、死亡者のご子息が法廷に出ると言ってきた。我が国では死因を裁判で特定するというのは考えにくいのだが、英国の法制なのであろうと考え、裁判の結果には関心を持ったが、仕事の都合もあり裁判の傍聴には行けなかった。裁判が終わってからご子息が事務所に来て裁判の結果を話して行かれた。それによれば、裁判で、警察は捜査結果を述べて自殺であると述べていたが、家族としては自殺について思い当たる原因がなく自殺説には納得できないと述べた。判決は、自殺、他殺いずれとも断定しないで、死にいたった真因は不明であるが本人が死亡したことを確認した、と言う内容であった。

私としては、亡くなった人に面識もなく、いわんや日本における家庭の事情も知らないので、香港警察が行った捜査は充分なものであって自殺との結論が真実であったのか、あるいは、子息の考えているように同行者がいてその者が何らかの関与をしたのか、判断はつきかねる。しかし、人の死には家族の納得が一番大事なのだ、と言うことは十分理解した次第であった。

＊無惨に途切れた新婚旅行＊

一九八〇年代後半、タイのバンコクで誠にお気の毒な事件が起こった。タイが大好きな青年が新婚旅行先にタイを選んだのは自然な成り行きであった。花婿はバンコクに何回も来ており、タイ語も日常会話には事欠かない、また、タイ人特有のホスピタリティを含めバンコクは勝手知った土地柄であった。日本で結婚式を挙げて、その足で空港からバンコク行きの便に搭乗した。機内では世界地図を広げ、タイで新婚旅行を終えてから、将来は世界を相手に仕事をする夢を花嫁に語っていた、という。

当時、バンコク周辺はある種の観光ブームに沸き立っており、連日沢山の外国人観光客が押し寄せ、アジアのハブ空港としてバンコク空港はごった返していたのである。空港から市内までの交通手段は、バス、タクシーしかなくそれらは常に不足していたのであるが、その不足につけ込みいわゆる白タクが跋扈していた。全ての白タク運転手が悪人である訳ではないが、不良運転手がいる割合は当然高く、観光業者の間では何らかの取り締まり強化策を求める声が出ていた。

そんな状態であったバンコク空港に新婚カップルが到着した。CIQの所要手続きを終えた花婿は、タイ語も出来るのでタクシー乗り場の近くにいた白タク運転手と交渉した後タクシーを決め市内のホテルに行くことにした。スーツケースを積み込み、花婿が乗り込んだところで突然白タクが発進した。車内では当然争いになり、花婿は運転手が持っていた刃物で刺されて車から落とされてしまい、白タクは荷物を積んだまま走り去った。白タクがよくやる荷物強奪の手口である。刺された花婿は近くにいた者の通報により、直ぐに救急車で病院に収容されたのだが、最悪の事態となってしまった。事件はこのように起こったと後から明らかになった。

この事件は、観光の隆盛に伴う経済的繁栄に酔うタイ人に冷や水を浴びせかけ、タイのマスコミは連日事件の詳細を大々的に報道した。新婚旅行であることからはじまり、故人の人柄、生前いかにタイを気に入っていたか、等々である。やがて知らせを受けた家族が日本から来ることが決まると取材はさらに加熱し、到着当日には日本の記者を含めた大勢のマスコミが空港に押しかけて来た。家族を出迎えるため、私を始め領事部員数名で空港に行って状況を見ると、マスコミの取材騒動は極めて激しくて、到着した家族が安全に空港を出られるか不安になった。そこで空港職員、入管職員とも打ち合わせて、通常の出口とは異なる脇の出口に車をつけて密かに乗車して市内に向かうようにした。私が派手に動くとマスコミが注視するので、わざとのんびりと歩き空港の到着口に行くことにする。いくら隠してみても判ってしまうだろうし、ある程度の取材さわぎは覚悟していたのだが、作戦は図に当たり、遺族の方々は報道陣のフラッシュを避けて無事市内に入ることができた。

しかし、それからが大変であった。やがて泊まっているホテルが判るといたる所から写真を撮られる。中には近隣のホテルの窓から望遠レンズで室内にいる家族を撮り、新聞に掲載する者まで現れた。こうした事態に、やむなく隠密裏に別のホテルに移動せざるを得なかった程であった。

タイのマスコミは、かなり無軌道に取材をし、取材相手の感情を考えることは念頭にない。我が国でも、一時傍若無人な取材が批判され、今ではかなり慎み深くなっているようだが、当時のタイでは激しい取材が行われていて、それらの攻勢から邦人家族をいかに守り、ただでさえ傷ついている気持ちを安寧に保つか、常々色々工夫を凝らしていたのであった。この遺族の方々の意向はご遺体を現地で火葬に付したいとの事であった。準備した火葬施設のある寺では例によって取材合戦が繰り広げられたのであるが、何とか収拾し無事葬儀の儀式を終えることができた。ご家族は傷心の中、ご遺骨を抱いて哀しみの中帰国されたのだが、その気持ちを想像すると、お慰めの方法もなかった。かろうじて、帰国前夜にタイ・レストランへお招きして「タイが好きだった故人のお心もあろうし、このような悲しいことでなく、楽しい気持ちでバンコクを訪問される日が来るよう願っている」、とお慰めするのが精一杯であった。

このカップルにこのような被害が襲いかかったことについて二人には何の落ち度もなく、事件に遭遇したことは不運の一語に尽きる。しかし、事件を防ぐ対策は色々考えられるようし、後手ではあるが、事件から教訓を学ばなければならない。それが被害者へのせめてもの供養であろう。

＊事故死あるいは殺人＊　前項に引き続きバンコクでの事件である。タイの気候は雨季と乾季に大きく分けられる。雨期と言っても我が国の梅雨とは大違いで、連日大雨が降り町中が水につかったようになってしまうのだが、市当局が治水対策として排水システムの構築に努めたため、町の大通りをボートで進む途中巨大な川魚を手掴みできた、というような伝説的な洪水は少なくなっていた。ところが一九八〇年代末のある年の雨期にはまるで台風が襲ったかのような大雨が降った。バンコクはインドシナ半島の大河メコン川下流域にあり、町には無数の川や運河が流れて排水路となっているのだが、どの水路も水位が非常に高くなっていて、普段静かに流れているような小運河にも濁流が走っていた。

そんな中、邦人が運転する車の事故が発生し死傷者が出た、との連絡が入った。邦人が収容された病院に駆けつけて、くだんの車に同乗していて助かった中年の邦人男性から当時の詳細事情を聞いてみると、次のような説明があった。

雨が降っていたので退屈しのぎに男性知人宅（知人がかねてタイ人から借りていた家である）に行って二人で酒を飲んでいた。そのとき食糧をすこし仕込むこととなって、亡くなった知人の運転する車で町に向かった。雨が強く降っている中を運河沿いの道路を走っていたのだが、雨のせいで道路が冠水して、道と運河との境が見えにくくなってきた。そんな道を進んでいるうちに車がずるずると運河にすべって行ったので、助手席にいた自分は夢中で車の外に出て運河の岸辺にしがみつき、やっとの思いで這い上がった。知人は車から出られなかったらしい。バンコクには自分も知人も仕事で来たわけではなく、町が気に入ったので滞在しているに過ぎない。普段決まった仕事をしているわけではない、云々。ともかく、大雨の中大変危険な目にあったのに、無事生還できて本当に良かったと真っ先に思い見舞った次第であった。ところで、亡くなった邦人も中年男性であったが、その人も助かった人も、バンコクに長期滞在するとの届けを大使館に出していなかった（法律上届ける義務がある）のだが、多くの邦人が無届けで長期滞在しているのでそのこと自体はさして深刻な法律違反とは言えない。しかし、一般的に言えば、働き盛りの中年男性が二人揃って仕事もしないで外国に長期滞在するのは何となく変で、表沙汰に出来ないビジネスをやっているのだろうかとも勘ぐってみた。事故の話を聞いていても、何か言えないことを抱えているとの印象があり、事情の全てを語っているようには受け取れなかったのであった。その時には事故の直後で気持ちが動転しているのであろうかとも思った。

さて、病院で邦人から話を聞いた後、念のため、事故現場を見に行ってみると、その周辺の道路と運河との境には所々滑り止めを兼ねた鉄の一メートル強の杭が立っている。また、車が滑り落ちたと聞いてきたところの土手沿いには草がなぎ倒された跡があり、車がここから落ちたことがはっきり判る。しかしその痕跡は、運河に対して直角についていて、車は運河に向かって走ったようにみえるのである。邦人が言うように、運河沿いに走っていて、道か運河か判らなくなって落ち込んだという説明と現場の車の痕跡とは合わない。

また、死亡した邦人が住んでいて二人で酒を飲んでいた家の場所も明確に説明できないという不審点もあった。数日後、死亡した邦人の奥さんが日本からきて遺体の確認を行い、遺体の火葬など雑事をこなしたのだが、その合間に病院で生存した邦人と面会する機会をつくった。二人は顔見知りらしく、奥さんが「自分の夫を保険金目当てで殺したのではないか」、と猛烈に面罵し始めた。我々領事の知らない事柄を交えて激しくやり合っていたのだが、見かねて奥さんに退室して貰ったほどであった。どうやら、死んだ邦人は生存者に借金があったらしいことがおぼろげながら言葉の端々から判った。奥さんはタイ警察にもその言い分を伝えたらしかったが、領事としては犯罪を疑う明白な根拠があれば別だが、原則的に、家族から特に依頼されない限り犯罪が行われた疑いがあるとは言えないのである。

さて、タイ警察はこれを雨中の交通事故との判断で処理した。また、生存した邦人は負傷が全快した後も帰国せず、依然としてタイにとどまっていた。果たしてこの件が犯罪に絡んでいたのかどうかはわからないし、生存者にとやかく言うつもりもないが、事故後の説明に矛盾点がある以上、何とはなしに釈然としない気持ちが残ったのは否めない。

＊英国人夫に殺された日本人妻＊

二一世紀も間近なある日、ロンドンの日本大使館領事部に初老の邦人夫妻が面会を求めてきた。早速応接室で話を聞いたのだが、次のような内容であった。

娘はイギリス人と結婚してロンドン郊外に住んでいる。二人は共働きで、夫はイギリスの警備会社に勤めており、娘はロンドンの日系会社に事務員として勤めている。娘はこれまで日本に手紙で近況を知らせてきていたのだが、ここ半年ばかり手紙が来ない。心配になり手紙を出しても返事が来ないのでロンドンにやって来た。住んでいるところは判るが、尋ねても誰も出ないため連絡を付けられない。何か事故にでも遭ったのではないかと不安に駆られている。

結婚した者がその両親に手紙を頻繁に書くことは、今のご時世では、むしろ希であり、半年程度の不通ならば、何処か旅行に出ているとも考えられ、そう心配することもないのではないか、と話してみたが納得しない様子であった。そこで住んでいるという住居に同行して様子を見ることにした。そこは市内から小一時間の住宅地であったが、確かにベルを押しても誰も出ないし、人がいる気配もない。小雨の降る中家の周囲を回ってみたが、変わった様子も見られないし何も判らないので、一旦市内に引き返しホテルへ夫妻を送り届けた。数日後再度事務所に現れ、「娘が勤めている会社の同僚の邦人女性に色々聞いてみたが、夫はまじめに働いていないようで悪い印象であるらしい、娘は同僚に夫と一緒に南米に旅行すると言っていたが休暇予定は終わっている、など不審でならない。そこで警察に捜査をお願いしたいので援助して貰いたい」、とのことであった。警察に届けを出して捜査して貰うにしても、訴えの主人公は親族である両親なので、不審に思っている点を十分説明し、警察に理解して貰うことが大事である、旨を述べた後に、住居を管轄する警察署に出向いた。担当警察官に、この警察署の管内に住んでいる邦人女性の所在がわからないので日本から両親がやってきた。ついては、話を聞いて貰いたい、と申し入れた。両親は不審点を説明したのだが、警察官は、夫と共に生活している成人女性が半年程度両親に手紙を出していないと言うだけでは捜査はできない、との反応で、まあ常識の範囲内の対応である、と言えよう。

再度住居に行きベルを押してみると女性が現れたので、夫の名を告げ会いたいというとそういう者はいないとの返事。すこし不審である。両親が娘の会社の同僚女性に再度会って話を聞くと、夫に殺害されたのではないかと言うような口吻であった由。こうしたことを踏まえて両親と今後の進め方について話し合ったが、両親は、「娘婿が娘を殺害したとまでは言いたくないが、警察の力で男から娘の行方を聞きだして貰いたい」、と慎重姿勢を崩さない。所轄警察署の上級警察に連絡をつけ、両親、会社の同僚と共に出向いて、「住居には女性がいたが、その男はいないという返事であった。しかし、その言葉はどうも疑わしい、また、邦人女性が、南米に行くと言ったまま勤務先に何の連絡もないのは、日本人の行動様式から見て極めておかしい」と述べ、後は両親と同僚女性から問題の男性の日常的な印象を説明して貰った。

ロンドン警察は、この訴えを取り上げて、やがて住居内にいた男を見つけ出し事情聴取を行ったところ、「妻と南米に一緒に行ったが、妻は新居の準備のため現地に残っている」などと言い逃れをしていたのだが、厳しい追及に耐えきれず、現地で殺害して遺棄したことを自供した。

ロンドン警察は、インターポル経由で南米の警察に捜査を依頼するつもりでいたが、それでは時間がかかるので、日本大使館経由で何らかの情報（例えば死体があったというような）を収集して貰えないか、と頼んできた。そこで、私は南米のその国に在勤している同僚領事に、アジア人女性の死体が発見されたというような報道はないか、を聞いてみた。すると最近そのような報道があったとの返事で、それをロンドン警察に伝えると、後は警察の実務者同士でやるとのこと。直ぐに担当警察官が南米に飛んだらしく、程なく発見された死体は着衣などから行方不明女性であると断定されたのであった。事件は一瀉千里に解決したのだが、両親の不安は的中してしまった。さて、ロンドン警察には犯罪被害者を支援・救済する担当部署があり、担当官が直ぐにホテルの両親を訪ね、遺体が発見されたことなどを説明し、心理面のケアをも行った。夫であった英国人は殺人罪で起訴され、その男と住居で一緒にいた女も逮捕・起訴された。

結局、娘を思う親の一心とその人の身を案ずる同僚の思いが事件の早期解決にあたって極めて力があった、と言える事件であった。

ここまで読んだ方々の内には、領事は警察に対してもっと積極的に働きかけるべきではなかったか、と思われた方もおられるだろう。しかし、この件では領事の立場は微妙であった。警察を回っている間にも、もっと積極的に警察に捜査を依頼すべきであろうかと何回も考えた。しかし、私は被害者である妻や犯人である夫とは面識もなく、人柄も夫婦仲も知らないのであって、邦人女性の所在不明が犯罪に起因するとは考えられなかった。また、夫を知っている被害者の両親が、その人物について犯罪の疑いがあるとは言おうとしなかったのであった。言い訳がましいが、確たる自信もなく人を犯罪者と見ることは出来ないので、警察に対しても慎重な態度で接することしかできなかったのである。

＊自宅浴槽で病死？＊

ロンドンの緯度は高く、暖流が流れているとはいえ、その冬は永く寒い。夜自宅でバスタブにたっぷりと熱いお湯を入れてつかる時間は本当に心休まる思いがする。

ロンドンの在留邦人の中に一人の中年女性がいた。ある日、この女性宅で身元不明の死体が発見されたとの連絡が入った。早速領事部員が現場に出向いたのだが、その報告はあらまし次のようであった。警察の説明では、その女性宅の周辺住民からロンドン警察に、最近家が閉まったままになっており、屋内の湿度が極めて高いらしく、窓に水滴が流れ屋外にも水が出てきているが、何らかの異常があったのではないか、との通報があった。警察官がベルを押したが応答がないのでドアを破壊して屋内に入ったところ、屋内は水浸しになっていて寝室のバスルームからお湯が流れ出していた。屋内の湿気はそのお湯によるものであった。バスタブのお湯の蛇口は開かれたままになっていて、その中に死体があった。数日間その状態が続いていたらしく、熱いお湯に晒されていたので死体の損傷はかなりひどい。死因はこれから調べるが、死体の状態から見てその究明は困難であろうと思われる。警察は、建物には外部から侵入したような形跡は見当たらなかった、と言っている。

また、領事部担当官が警察官に同行して屋内に入って見たところ、居間はかなり乱雑に取り散らかっており、台所にも食料品などが散らかっていた。こうしたことから見ると、部屋の住人は日常生活に投げやりになっていたように感じた、とのことであった。

その後大使館への在留届けや周辺からの話を総合すると、女性は、ロンドンの滞在が永く、最近まで日系企業に現地採用職員として勤めていた。独身でいわゆる同棲相手はいなかった由。在留届を基に日本の留守宅に連絡を取って訃報を知らせると、やがて故人の弟夫妻がやってきて、遺骨を引き取り、残された財産などを処分して帰って行った。帰国の前に食事をしながら話を聞いたが、故人は若い頃両親の意向に反してイギリスに渡ったため、長い間ろくに音信がなかった。もちろん日本の家族は心配していたのだが、消息を調べることが出来なかった。最近故人から連絡があって帰国したいような手紙の内容であったのだが、父親が昔のことにこだわり帰国するなと言った。それ以来また音信不通となっていた。本人は、よほど帰りたかったのだろうと思う、と言っておられた。

この女性の死の原因が病死か自殺かは判らない。また、家族間の事情は知る由もないし、誰に対しても批判めいたことを言うつもりはないが、やはり異国の地で一人永く暮らすのは、物心共にかなりハードなものなのである。人生は家族の支えがあって楽しく過ごせるし、また困難も乗り越えることが出来るものだが、外国で異民族の中で暮らすときには、家族との団らんが一段と求められのではないか。

（十一）　誘拐・人質、迷子、行き違い？

＊誘拐・人質＊　南米は誘拐ビジネスが盛んなところである、というと変に聞こえるかも知れない。それほど誘拐による身代金奪取が多発している。ひと頃の手口は、金持ちの家族について日常的な行動様式などを調べあげ、ターゲットにし易い者を絞り込むなど、相当の準備をしてから誘拐を実行し、身代金を要求した。しかし、最近はそんな手間暇をかけないで、行き当たり的に誘拐し、短時間の内にあまり高額でない身代金を取って人質を解放するという手口が発生している。犯行から人質解放まで数時間というケースもあると聞く。従来の誘拐とは違った犯行形態で、まさにある種のビジネスとなっているのである。

従来型の誘拐に対しては、身辺に充分気をつけていれば、見知らぬ者がしきりに身辺に現れる、通勤途次尾行されている、といったような何らかの兆候に気付くことができ、それなりの対策を講ずることも出来るのだが、最近の誘拐犯にはそのような対策は効かない傾向にあるようだ。

＊ノー・コンセッション・ルール＊　私の外地勤務中に外務省から次のような達しがあった。「外交施設や外交官を狙ったテロ事件が頻発しているので事務所襲撃、誘拐などに警戒せよ。また、万一館員が人質にされても日本政府の方針はノー・コンセッション（犯人に譲歩しない＝従って、犯人とは一切交渉しない）である」。大使館の領事部は、本質的に部外者が自由に出入りできる窓口となっており、テロリストにとっては狙いやすい施設である。当時アメリカの大使館領事部が襲撃され、職員が射殺されるという事件が発生していたこともあり、我々はこの達しをかなり深刻に受け止めた。勤務していた大使館の会議で、領事部と他の部局との境の扉は防弾設計とした上、常時施錠しておき、領事部が襲撃・占拠されても、犯人が簡単に館内を移動できないようにすべきことを強調し、いざとなれば、領事部の館員・職員の安全は二の次に考えるべし、とまで発言したこともあった。

領事事務にはビザを発行するという仕事があり、ビザの発行を拒否された者から恨みを買うこともある。私が勤務していたタイのバンコクでは、サウジアラビア大使館の領事部ビザ担当領事が食事に行く途中、白昼路上で射殺されるという事件も起こっていた。また、私の同僚であったビザ担当の副領事が、残業後事務所から出たところ暴漢に殴られ負傷する事件も発生している。そのようなことから、私は日常生活でも身辺に対する注意を怠らず、自宅を出る前には、屋内にいる間に玄関周辺をよく観察して不審者がいないかを確認する、通勤経路は固定せず出来るだけ不規則に変える、といったことを実行したものである。

私が人質にされたり殺害されたりしたとしても、話は個人の不注意だということだけに止まらない。政府職員がそのような目に遭えば、政府としての危機管理が不十分であることが白日の下にさらされ、日本政府は非難され、その信用が失墜するのである。そして、このノー・コンセッション・ルールは現在も有効であって、たとえ館員の安全を優先するためであってもルールを覆して誘拐犯と交渉すれば、テロに立ち向かうことの出来ない腰抜け国家と見られ、世界の笑いものとなりさがってしまう。今も海外にある多くの日本大使館ではみなそのような覚悟で働いている。

＊誘拐事件＊　在外日本人の誘拐事件では、何といってもフィリピンのマニラで発生した日本商社支店長誘拐事件が衝撃的であった。一九八六年一一月一五日に日本人支店長が「新人民軍」と名乗る極左集団に拉致誘拐され、身代金を要求された事件である。海外での誘拐事件に不慣れであった日本社会は動揺の極に達した。そのうち指が切断されたと称する支店長の写真(実は偽装であった)が送りつけられるなどして日本を震撼させたが、翌年四月に支店長は無事解放され

帰国することが出来た。なお、この時の犯人と目される者は、事件発生からなんと二四年後の二〇一〇年一一月にマニラで逮捕された。政府に頑強に抵抗した「新人民軍」の退潮を象徴する結末であった。

また、三年後の一九八九年三月一日早朝には、同じ会社のラオス・ビエンチャン支店長が自宅から誘拐されるという事件も発生した。犯人側から企業に対し身代金要求があった。他方、犯人は隣国タイ領内に逃げ込んだとの情報に基づき、タイ警察は一千人からの警察官を動員して捜索活動を展開し、事件発生一週間後に、警官隊がタイ国内の犯人アジトを急襲し銃撃戦の末無事支店長を救出して、事件は終わった。余談ながら、アジトに突入した警察官に対しては、在タイ日本大使から深甚なる謝意を表明し、休養のため我が国への観光旅行に招待したのであった。

これらの事件はいわば我が国が海外発展して行く中で初めて遭遇した身代金目当ての誘拐事件であった。解決について経験も少なく、企業のプレス対応も不慣れであったことは否めない。マスコミもどちらかといえばおもしろおかしく伝えようとする態度があらわで、オールジャパンという視点から国民の利益に沿った形で報道するという意識は少なかったのである。被誘拐者の社会的地位が如何に高いかを報ずれば、それを見た犯人からの身代金要求はつり上がるのであるが、そうした報道の結果に対する認識は欠けていたと言える。また、別の誘拐事件の時のことであるが、解放された人質へのインタビューで、犯人からの日本人向けメッセージを問い質す記者もいた。それは結果的に犯人グループの主張宣伝に与するもので、テロ・グループの下請けだ、と言われても仕方がない。まさかテロのお先棒を担いでいるわけではあるまいと思うのだが、どうか。

これらの事件により、世界的テロリストによる海外での同胞誘拐事件にいかに対処すべきであるかについて、日本政府・企業、被害者の家族、マスコミなどさらに大きく言えば日本社会全体が、強烈な洗礼を受けたといえる。ここから学んだことは大きいが、果たして我々日本人は充分対策を講じてきているのだろうか。表面的な誘拐対策だけが問題なのではなく、そうした犯罪を憎み犯行を許さないために、時によっては犠牲を覚悟しそれを受け入れざるを得ない、と言う心構えにつき社会的覚悟は出来たか。それが問われている。

＊迷子（さまよえる人）＊　国際結婚が増え、また海外で生活する日本人がますます増えるにつれて、海外日本人社会にこれまでとは違った問題が発生している。高齢化による認識レベルの低下に伴う徘徊、永住者が高齢化するにつれて収入が減り生活に困窮する、あるいは永住者の中には現地語が充分に理解出来ないため、現地語教育のみで育った孫世代の家族と意思が通じにくくなっていて家庭内でも精神的に孤立してしまう、などの問題である。

国名は伏せるが、国際結婚し夫の国の都市に住んでいる女性が、日本に残した母が高齢となり、単独での生活に不安を感じ始めたので呼び寄せた。母親は、それまで何回かそこへ旅行にきていたので、その町についてはある程度の知識があると思って安心していた。しかし、母親は認識レベルが低下するにつれ家に帰りたいと言うようになり、しばしば街中をさ迷うようになっていった。心の奥底では、今住んでいる家は自分の家ではない、と思っているようである。女性はその都度あちこち探すのだが、大きな町なのでなかなか見つからない。そんな事態に対しては組織を持たない大使館は無力である。邦人の安全は心配するが、探し出すための有効な手だてはない。その町の治安は日本と比べると格段に悪いのだが、母親は危険な思いをした様子もなく、やがて警察に保護され無事家族の元に返ることができる。その国の老人に対する社会的感情は日本より温かいのであろう。

＊待ち合わせ場所の行き違いから＊

香港は「魔界」であるとの迷信がある。例えば、九龍城に入ったら生きて出られない、ひとり歩きの日本人女性が行方不明となり九龍城内で売春をさせられているらしい、というような怪情報がかつて日本の一部で囁かれていたようだ。そうした話を大袈裟に書いたフィクション本があったような記憶もある。しかし、香港の九龍城は一九九〇年代初めに取り壊され、それまで住んでいた住民は全て別の場所に移動した。九龍城があった頃には、確かに売春宿もあったらしいし、住民の自治組織と称して無頼に近い顔役が幅を利かせてもいたらしい。今、跡地は高層マンションになっている。

私は一九九〇年から香港に在勤して、九龍城取り壊しの最終段階には、日本人数人が九龍城住民と一緒に城内に立て籠もり、香港警察による強制排除執行に抵抗して逮捕されたのも知っている。その保釈のために努力もした。しかし、香港で日本人女性が行方不明となったという事件は聞いていないし、前任領事からもそんな話は引き継いでいない。

まあ、おもしろおかしく話を作ったのであろうが、世間の人にある種の刷り込みをするには、その程度の話でも充分であるようだ。香港は表面的にはよいが、本当は怖いところだ、と感じている人は、今でも少なくない。

一九九二年のことと記憶しているが、総領事館窓口に中年の女性が青ざめて駆け込んできた。ともかく、水を飲んで落ち着いて貰ってから話を聞くと、香港旅行に一緒に来た娘が誘拐され行方不明になった。香港島の商店街で一旦別れ、時間を決めて落ち合うことにしたのだが、約束の時間になっても現れない。香港では若い娘が誘拐される事が多いと聞いているので直ぐ手配して欲しい、という。娘の年齢を聞くと成人年齢である。成人女性が白昼拉致されるとは考えにくいが、知能に問題があれば話は別であるので、わるいと思ったがその辺のことをやんわりと聞いてみると、極めて健康とのご返事であり、白昼の誘拐事件とはますます考えにくい。そこで、再会約束の場所を詳しく聞いてみると、どうやらご婦人が待っていたと言う場所とは別の所らしいことが分かった。ご婦人に付き添って改めて待ち合わせ場所に行ってみると、そこには娘さんが途方にくれて立っていた。娘さんの方は約束した待ち合わせ場所に来ても母親の姿が見えないので心細くなっていたのであった。まずはメデタシメデタシであるが、心に暗黙の内にすり込まれた恐怖感が単純な思い違いを大事件にしてしまったのであった。

二　犯罪の加害者

（一）　哀れな麻薬犯罪服役者

トルコ・イスタンブルでは、好奇心から麻薬に近づいて逮捕される事例があった。実はトルコは生アヘンを輸出しており、我が国はそれを医療用麻酔薬の原料として輸入しているのである。我が国への輸出にあたっては厳重な管理の下に手続きが行われるのであるが、アヘンを精製している以上管理の隙間を狙って品物を抜き取る者が現れるのは、人間社会であるので仕方がないとも言える。そうしたことから、いわゆるヤミに流れるアヘンがあり、麻薬がらみの犯罪も発生するのである。一九六九年頃であったと記憶する。日本の大学を出た女性が北欧人と親しくなったのだが、これがその頃ヒッピーと呼ばれた麻薬常習者であった。イスタンブルの安宿で揃ってアヘンを吸引しているところを警察に踏み込まれ、現行犯逮捕された。その後裁判にかけられ有罪判決が出て、私が在勤したときには、イスタンブルの刑務所で服役していた。服役開始後間もなくその邦人女性が妊娠していることが判明したのだが、刑の執行は猶予されなかった。出産の時期になるとさすがに刑務所から病院に移されて、警察官の厳しい監視下無事出産した。そして出産後一定期間経過してから再び刑務所に連れ戻されて、そこで育児することとなった。

さて、日本にいる親は自分の娘がこんな人生を歩む事を望んではいなかっただろうし、生まれ出た子供はどんな人生を受け入れざるを得なくなるのか。子供の生長も教育も懸念される。非常に哀れであったが、蒔いた種は自分で刈らねばならないのが世界のルールである。

また、同じ時期に、別の麻薬事件で服役している邦人男性がいた。同じように大学を出た若者で、イスタンブルの安宿に泊まっていたところを麻薬と吸飲器具所持容疑で逮捕された。この人は相部屋だった外国人が麻薬をやっており、警察が踏み込んできたときにこの男と一緒にいたので逮捕された。邦人男性は、自分の荷物にあった麻薬の吸引器具と秤は自分の物ではない、と主張していたが、裁判の結果弁明が受け入れられず有罪となり刑が確定した。面会してみると才能のある人で、緻密な画を描くことが得意であった。日本の親からは折々に差し入れ品が届きその都度刑務所に届けてやり、併せて親からの差し入れ品があったことを伝えるために面会するのだが、囚人服を着て足に鎖をつけられていて、何とも痛ましい姿であった。

私は二人が大学卒業者であることを強調したが、多くの外国では大学まで卒業するのはごく一部の人であり、小学校卒業のみという人も少なくはない。トルコでも、当時では東北部農村地帯の子は学校にあまり行かないのが普通であった。また、我が国でも、わずか五十年程前までは大学までの進学率は低かった。大学で勉強するのは、まさに社会の指導者になることを嘱望される者だけであったのである。一九五〇年代に彼らの親は、彼らが社会の指導者となり日本に貢献してくれることを願って、それぞれ大学に進学させたと思う。日本社会もそのような期待を込めて、国立大学を作り、あるいは私学に対して運営の補助金を交付して助成することにより、有能な者に高等教育を施したのである。彼らを指導するために献身した教員も沢山いたであろうに、その努力も空しくなってしまったのである。

人生のどこでどう間違えたのか、一介の領事が知る由もないが、彼らのために費やされた両親、教師など多くの人の膨大なエネルギーを想うと、誠に無念でならない。人の志は、単に個人が立てるようなものではなく、そこには多くの人の心が結集しているのだと思う。先祖・同時代の人・次世代の人の願いが集まり、それが現在の「誰か」に志を立てさせたのではないか。

＊麻薬の代償＊　軽い気持ちや好奇心で麻薬に手を出す若者を在外領事として大勢見てきたが、そのツケは重い。単に犯罪者として服役するだけでなく、中には多量の麻薬の吸引で死亡する者、体内で多量に蓄積した麻薬の影響で脳・神経に障害を生じて意識が朦朧としたままになっている、あるいは奇矯な行動を繰り返して周囲の者を辟易させている者などがいた。自傷行為に走る、無防備状態になり回りからの攻撃を受けやすくなり、社会生活が送れなくなる、というケースもあった。

麻薬に近づく動機は一時的な好奇心によるものであろうが、その代償は自分の人生全てであり、瞬時にすぎない快楽に比べ、あまりに引き合わない。意識がハッキリすればそうした理屈は十分理解できるのであろうが、依存症にまで行くと、行動をコントロールできなくなってしまう。何があろうと麻薬は悪でありそれに近づかないという信念を持たねばならない。麻薬による中毒は、酒や煙草の依存症とは全く違うのである。

＊麻薬犯罪服役者の優等生＊

日本人は世界でも有数な順法精神に富んだ民族であると見られているのだが、残念なことに、世界各地の刑務所に邦人服役者がいる。犯した罪は様々であるが、最も多いのが麻薬がらみで、若い服役者も少なくない。中には、日本の暴力団構成員で組織のために麻薬にかかわった例もある。

タイの刑務所にいたある麻薬犯罪服役者はすこし毛色が変わっていた。面会して話を聞いてみると、自分は今でも〇〇組の組員であると誇りを持って言う。後で述べるように、タイの刑務所内では出入りの業者から欲しい物（もちろん酒などは禁止）を買うことができる。服役者は一般に支給される食事に不満を感じているので、食べ物を買うことが多い。ところがこの暴力団員は刑務所から給された食事だけで済ませ、そうした買い食いを一切しないで、身の回りの物も支給品で済ませる。暇があれば房内で体操して健康と体力の維持に努める。その結果、刑務所規則に違反しないので、模範囚となっている。これは早期釈放や恩赦対象者指定に繋がるので重要である。そして、逮捕されたときに持っていたお金と刑務所の労役所で貰う賃金を貯めて銀行に預けていた。暴力団員としての矜恃を持ち、蓄財にもしっかりと目配りが出来る意志の強い男であった。やがて刑期の満了日（早期釈放であった）が近づき、銀行に積み立てたお金の払い戻しを請求して、日本へ送還される日には貯めたお金に利息を付けて受け取って日本へ帰って行った。この人の服役の様子を見ながら、もしこの男が暴力団に入っていなければ、あるいはしっかりした家庭を作り、ひとかどの人物として周りから認められて生きられたのではないかと思ったことであった。何がこのような男を脇道にそらせてしまったのか。

（二）　刑務所の中で

＊鎖で両足を繋がれる＊　アメリカの映画などを見ていると服役者はかなり自由に刑務所内を歩いていたり、娯楽室でテレビを鑑賞したりしているが、世界ではもっと厳しい環境にいる者が多い。服役者の面会に訪れたトルコ・イスタンブルの刑務所でも、タイの刑務所でも、服役者は両足を鎖に繋がれて面会室に連れてこられた。服役者にあまり接したことのない我々にとっては、鎖で両足を繋がれた者を目の前にすることは、大層ショッキングな光景である。それだけで無条件に何と非道な取り扱いをするのかと思ってしまう。

昔、刑法学の講義で、刑罰について応報刑主義と教育刑主義とがあること、そしてそれぞれの主張の依って立つところを学んだ。今日の我が国の行刑の現場で何が中心となっているか、詳しくは知らないが、重大事件の判決理由として報道されているところを読むと、我が国の判事はいずれも教育刑主義者であるように思う。

最近も一審の裁判員裁判で死刑判決が出たケースで、殺されたのは一人であり、これまでの判例に比較して不公平となるので死刑は量刑が重すぎる、という理由で、死刑判決を破棄自判し、無期懲役刑とした高等裁判所判決があった。一人殺したら無期で、二人以上殺したら死刑などというルールは刑法には書いてない。判例とは、専門家と称する判事連中が勝手に作った（勝手にと言う表現が悪ければ、長い近代刑法制度の中で営々と築き上げてきたとでも言おうか）先例ではないのか、そうした判例に比べて刑が重すぎるという理屈は外部の一般常識から見るとおかしなものにうつる。二人殺すまでは無期懲役刑で済むなんていう先例を理解して、殺人を犯す者がいようか。そんなところにまで公平ルールを持ち出すのはどうかと思う。一般常識の考えるところでは、殺された人命に軽重はない。殺された者が一人でも二人でも、殺された者の無念さは同じではないか。被害者遺族の心が多ければ恨みはより深いし、一人より複数人殺された場合の方が傷ついた心が多い、とでも言うのだろうか。そんな数の多寡で傷ついた心を量ってよいのか。さらに言えば、天涯孤独の者の無念さを考える必要はないとでも言うのか。何とも理解に苦しむ裁判の考え方である。

ところが、我が国のそうした教育刑主義は、世界の行刑の大勢から見ると少数派に見える。世界では蒔いた種を刈り取らせることを目的としているように思う。

＊不愉快な「領事面会」＊

服役者と面会するときには、「領事面会」（「領事関係に関する条約」によって認められた領事官の任務の一つ）であっても、刑務所の面会規則に従わねばならない。面会者は身分を証明する物を提示し、所要の身体検査を受ける。ポケットから財布の中身まで、全て開示する必要がある。さすがに領事面会の時には靴を脱ぐことまでは要求されない。いくら領事面会という職務のためとはいえ、最初のうちは見知らぬ者に体を触られ、持ち物にとどまらずポケットの中まで調べられるというこの検査を受けるのが嫌で仕方がなかった。

ところが、最近では飛行機に乗るたびにこの検査を受けさせられるではないか。アメリカに勤務していたときには、空港の安全検査場において、公衆の面前であるにもかかわらず靴まで脱ぐよう要求されたこともあった。何ともはや人間というものは、恥知らずなものであることよ！

面会場は様々である。ガラスがはいった窓越しにお互いが電話器を使って話すのが普通だが、所によっては、お互いに二、三メートル離れた場所で話すこともある。そこは間仕切りもなく廊下が向き合ったような所になっていてそこに横一列に並ぶ。間は天井もない空間で、面会スタートと同時に、大勢の面会人と服役者が一遍に、短い時間内に沢山のことを話そうと大声を出すので、やかましくて相手の声が良く聞き取れない。そんな面会でも服役者にとっては嬉しい一時であるらしく、現地の人は感激している。我々にとっては服役者の健康状態や、刑務所内で不当な扱いを受けていないか、といった領事面会の主目的である事柄を聞くことが出来ないので、何とも困ったものであった。

また、総じて刑務所は街はずれにあるので、領事面会もたやすくは出来ない。朝早めに事務所を出て、夕方やっと帰って来るという場所も希ではない。領事部の館員が手薄なところでは、気にしながらも、つい目前の援護要請や窓口事務に追われて、服役者との面会が後回しになってしまう。刑務所が地方都市にあって公館所在地から日帰りが出来ないときには事実上訪問できない。ただし、重大なときにはそんなことは言っていられないので、飛んで行くことになるのだが。

＊刑務所内ショッピング＊　タイでは刑務所内で買い物が出来るシステムになっている。刑務所当局の許可を得た業者が服役者から注文を取って品物を届けるのである。服役者は支給された食事のみでは満足できなくて、私費で間食をすることが多い。菓子、果物、タバコなどが人気のある物であるという。数人いた邦人服役者のうち、暴力団の幹部がしきりに領事に注文を付けてくる。

私がタイに着任してしばらくたったとき、領事部の職員が外出してはマンゴーを仕込んでくるので、不審に思い事情を聞いたことがある。説明では、この服役者から「上等なマンゴーを市場で買って来て欲しい」と頼まれたのでマンゴーを仕込んできた、という。刑務所内では業者にマンゴーを発注すれば買えるのだが、あまり品質が良くないので、大使館が市場で仕込んで貰いたいと言っている由であった。これを聞いてあきれかえり、我々はそのような者の使用人ではない。

所内で買える物までいちいち市場で買い整えて差し入れることはやりすぎであるから、今後一切そうした要求に応じないこと、仮に服役者が苦情を言ってきても、新領事部長の方針であると説明するよう、強く指導したことがある。

刑務所は「別荘」と俗称されるにしろ、物見遊山で入っているところではない。上等な物を食いたいからと言って国の機関を使用人並みに使うとはとんでもない心得違いである。その後、同じ者が再び大使館員による面会を求めてきて、「刑務所内でテレビを買ったが、良く写らないので業者に改善するよう言っているが埒が明かない。大使館から業者に連絡して貰いたい」といってきた。これも断った。刑務所内で買った物のアフターケアは刑務所内で手配すればよいので、大使館は買い物について何ら関与しない。そんなことは邦人服役者に対する援護活動の範囲を逸脱している。例えば、日本の刑務所にいて電気器具を買い、それが不調だから国の職員が修繕を手配するなどと言うことはあり得ないではないか。外国で服役しているからといって、何でも大使館に要求すればとおる、と思っているのである。

＊留置所では食事は出ない＊　一九六〇年代、西アフリカのコートジボワール共和国アビジャン市の港には日本のマグロ釣り漁船がしきりに入っていた。漁船員の休養、水・食糧・漁船用燃料の補給が目的である。当時西アフリカ沖合では韓国の漁船と我が国漁船とが活動していたのだが、韓国の漁船は我が方の漁網の上を横切ったり、絡んだ漁網を切断したりとかなり乱暴な操業

をする。そこで我が方漁船員は日頃激しい敵意を持っていたのだが、たまたま休養のため上陸していた邦人漁船員と韓国漁船員とが町の飲み屋で喧嘩沙汰を起こした。アルコールが入っていたこともあって刃物を振り回しあったらしく、怪我人は出なかったのだが、現地警察官の出動となって邦人船員が留置された。漁船のエージェントからの連絡を受け警察に行き、船員に面会して様子を聞いてみた。逮捕後半日以上が経過しているので食事はどうしているか聞くと何も食べていないと言うではないか。直ぐに船長に連絡をつけ握り飯を用意してもらい、私の目の前で船員に食べさせた。差し入れだけでは食糧が途中で蒸発するおそれがあったのである。とりあえず船員の腹を満たした後、事件が予審にかけられるというので予審判事に会って、船員は半年も海の上で働いていて、久しぶりに陸に上がったので、つい立ち回りを演じてしまった。若い者でもあり日本では働き者としてみとめられているので、何とか穏便にして欲しいと強く要請して、夜に入りやっと釈放して貰うことが出来た。

なお、留置所では食事がでないことについて警察に聞いてみると、次のような返事が返ってきた。社会で罪を犯さず懸命に働いていても満足に食べられない者もいる。もし、逮捕された者に警察が食事を給することとなれば、食事のため逮捕されたい者が増え収拾がつかなくなる。ここでは留置人に対する食事は、外部の親族などが差し入れる習慣になっている。

以前映画館で「踊る大捜査線」を見たことがある。冒頭、年末で忙しい「湾岸警察署」の内部が映され、年取った無銭飲食常習犯が連れてこられる。彼の言い分は、「暮で寒くなってきたので、警察に捕まればねぐらが与えられ、飯も食わせてもらえるので、はやく逮捕してくれ」と言うものであった。そんな犯罪者が居ることを何処かで聞いた覚えがあるが、アビジャン警察の話と引き比べて、日本は本当に豊かだなと感じた。世界は誠に厳しいのである。

＊カラチの拘置所でもへこたれない男＊

私が在勤していたパキスタンは世界でも有数の貧困国であった。大きな産業もなく輸出品も少ないので国民の生活は苦しく、海外出稼ぎが盛んであった。政府もそれを奨励し、一定期間海外出稼ぎをした国民には帰国に際して自動車を一台関税なしで輸入する権利を認めていた。海外で数年辛抱して働けば、その間高い賃金が得られ、そのうえ車を一台免税で輸入できるのである。これは出稼ぎ者にとっては大きな魅力である。パキスタン国民も全てが貧しいわけではないので、金持ち階層を中心として乗用車に対する需要は大きい。国土は広いし、鉄道網が少ないので車は余計に必要となっている。他方、我が国は中古自動車が余っていて。中古自動車の輸出国と言っても良い。そうした輸出需要と輸入需要が出会えば、商売が成り立つ。パキスタンの自動車特例輸入制度に着目して無関税で自動車を輸出しようとする者が現れる。資格のある海外出稼ぎ者の発掘、日本側中古自動車販売業者との連携、輸入業者との橋渡し、パキスタン政府への諸手続などが活動の場である。そうした業者の中には様々な違法活動ないし違法すれすれの行為を行う者も出てくる。

一九七〇年代後半に一人の邦人がパキスタン警察に逮捕された。警察署で領事面会し、その後で邦人が雇った弁護士と話し合うことが多かった。弁護士によれば、留置所は雑居で極めて不潔、環境は劣悪で外国人にとっては健康に影響が出るとのことであった。そこで、邦人からの保釈要望もあり何とか釈放して貰えないかと考え、弁護士の保釈申請に協力した。

朝から各官庁をまわり、それぞれの責任者から保釈指示書にサインをもらうのだが時間がかかる。やがて午後二時間際に(一日の勤務時間は午後二時に終了する。パキスタンは年中暑いので早朝から働き、暑さが増す午後は休業となる)、やっと判事のサインを貰うだけの所までこぎつけた。途中弁護士と別れた私は判事の部屋に行き書類を待っていたのだがなかなか届かない。交通渋滞か何かで遅れているのであろうと、時間稼ぎに判事相手に世間話をしたりして足を引き留めた。帰宅しようとしていた判事は迷惑であったろうが、ここで帰られては保釈が一日延びてしまうので、迷惑も顧みず粘ったのであった。やがて弁護士と書類が来て何とか判事のサインを貰うことが出来た。しかし、判事が同意してもその後保釈のための具体的手続きがある。邦人を何とか早く出したいとの思いから、さらにあちこち回りどうやらその日の夕方に保釈して貰う事に成功した。

留置所を出た邦人は、そんな苦労も考えず、強がりかどうか知らないが、「前の所はひどかったが、ここならばもう少し居ても良かった」とのたまわったものである。さすがにそれはひどかろうと弁護士と私の苦労の一端を話したが、何処まで聞いていたのか心許ない。邦人にも猛者がいるのである。

＊高級車強盗犯の言い分＊　香港は、香港島と向かい側の大陸九龍半島との二つの部分から成り立っている。香港島側が中心であるのだが、島の中央には六〇〇メートルを超える山もあるちょっとした山並みがある。その中腹に裕福層を主対象とした高級車の展示販売店があった。ある日そこに若い日本人が現れ展示されていたスポーツカーを見ていたが、キーが差し込んだままになっているのを見て運転席に乗り込んだ。あまりに平静であったので店員は不審に思わなかったのだが、男はエンジンをかけ車を急発進させた。ショールームなので道路側には大きなガラスがはめ込んであったのだが、車はそのガラスに突っ込み粉々に砕いて道路に飛び出して、そのまま山の方向へ猛スピードで走り出した。

店員からの通報で警察が駆けつけ逃走した車を追い始めた。香港島山側の道はかなり曲がりくねっていて、片側一車線と狭いので、高速走行すれば他車を巻き込んだ事故に繋がる可能性が大きい。追跡は高度な運転技術を要し、かなり困難であったと思う。男は警察の再三の警告にもかかわらず、それを無視し逃げ回っていたのだが遂に逮捕された。事故を起こさずに逮捕されたことはむしろ幸運であっただろう。　警察からの連絡を受け邦人が収容されている病院に出向き面会をした。警察の説明では逮捕された際に抵抗したのでそれを制圧した結果負傷したという。傷はたいしたことはなく本人は警察官監視の下歩いて面会の部屋に入ってきたのだが、開口一番、「逮捕の際殴られ負傷したが、自分の権利はどうなっているのか」と言った。これには開いた口が塞がらなかったが、とりあえずケガの状態や犯罪容疑についての本人の意見などお決まりの質問から始めた。話を聞いてみても何故車を奪ったのか説明はない、むろん罪を犯したという認識はみじんもない。

香港島中央部の山道は、狭い香港島の中で山をピクニックしているような気分にさせてくれるドライブコースであるのだが、狭く曲がりくねっており、そもそも運転は慎重にせねばならない。そこを猛スピードで走ればいかに周囲の者に不安感を持たせるか、車で事故を起こせば自分一人の問題では済まないのである。それについては少しも考えないで、自分が殴られたことだけが最大の関心事で、その損害の回復だけしか考えないとは、どんな神経を持っているのか。こんな男が我が国の道を走っているのかと思うと暗澹たる気持ちにさせられた。

三　健康・福祉問題

身体の健康は広い意味の安全問題に含まれるとも言えるが、安全は主として第三者からの悪意により侵害されるケースであるのに比し、健康は自身の身体・精神面の管理いかんにかかわるので、別に取り上げるのが適当であると考える。

（一）　風土病

外国には我が国にない病気がある。もちろん、日本脳炎のように日本特産とも言える病気もあるがこのような我が国のみに見られると言う病気は少ない。

パキスタンでは、事務所の職員あるいは家事使用人を雇うときには、結核に感染していない旨の医師の診断書を提出してもらっていた。結核がかなり流行していたので、パキスタン人を含めてどこの家庭でもそのようなやりかたをしていたのである。家庭に幼い子供がいる場合、お手伝いを雇い子供の世話をさせるのがパキスタンの一般的な習慣なので、そこに駐在する日本人もそのようにしなければならない。実は現地の失業対策でもあるのだ。在留邦人は家族（特に子供）の結核感染予防対策に神経を使っていた。日本では結核は過去の病気と考えられていたが、途上国では依然として深刻な病気であった。一般的に、熱帯地方では、コレラ、マラリア、デング熱に対しては予防に相当神経を使わなければならない伝染病である。

コレラは、口を経由して感染する胃腸の疾患である。激しい下痢、発熱が主たる症状で、体力を消耗するので栄養状態が悪いときには死に至る。発病した場合には速やかに医師の治療が必要なので、疑わしい症状が出たら直ぐ医師の診断を受けねばならない。予防には、帰宅時や食事前の手洗い、特にトイレ後の手洗いは軽視できない。食品の完全加熱や食器の洗浄、飲用水の消毒なども重要な予防対策である。

マラリアは特有のマラリア蚊に刺されることによって感染する熱病である。マラリア原虫が体内で繁殖して四〇度を超える高熱を発する。熱のため極度に体力を消耗し、また、熱で脳をやられ死に至ることも希ではない。蚊に刺されないようにすること（カヤ、蚊取り線香を使う）の他に予防薬を服用するのが有効な対策である。しかし、予防薬の服用には時に副作用（胃、肝臓に負担がかかる）もあるので、慎重な使用が求められる。私もアフリカ在勤中に一度マラリアに感染した経験があるが、その時は、発熱が収まった時間帯に、食欲がないのに無理をして栄養のあるものを食べたことと特効薬キニーネの服用で回復した。

デング熱も蚊が媒介する熱病である。激しい頭痛と発熱が特徴で、四〇度以上の熱が何日も続く。体力を消耗して死に至ることもあり、回復しても毛髪が失われるなどの後遺症が出ることもある。私の友人がデング熱にやられたときには、回復したけれども毛髪がかなり薄くなってしまった。

他に、砂漠地帯にはハエが媒介する眠り病があるし、ヨーロッパの草原の一部にはダニが原因で発熱する風土病がある。ペストはマダガスカル、北米に常時発生しているし、狂犬病は、家畜をたくさん飼っている国では珍しくもない。

パキスタンは野犬の多い国だが、ある日、館員数家族で海岸へピクニックに行った折に、野犬の群れが食べ物を狙って近づいてきたことがあった。男性館員が近くの棒を拾ってきて、群れの先頭にいるリーダー犬に立ち向かい、一定の距離以上こっちに近づかないよう威嚇し、その間に家族が荷物をまとめ、全員が後ずさりしながらその場を逃れたのであった。もし犬が狂犬病に罹っていて少しでも噛まれたらとんでもないことになっていたと、後で冷や汗をかいた。

一九六〇年代後半のことだが、西アフリカのコートジボアールに勤務したとき、街なかのカフェにハンセン病患者と思われる乞食が入ってきた。私は、幸いなことに、ハンセン病は簡単に感染する病気ではないことを本で読んでいたので、病者を見ても恐れる必要はないと知ってはいたが、客は余り見たくないので幾ばくかを恵み、早々にお引き取りを願っていた。

外国の衛生や病気に関する特有な事情については、やはり事前の知識が必要とされるのであるが、その広報任務を負うのは在外領事であると思う。現地事情報告にそのようなことは書きにくいものではあるが、我が国民に実情を知らせるためには避けてはならない任務であると信ずる。

（二）　外国での発病に保険を

旅行者が発病したときに、真っ先に駆けつけるのは病院か在外領事の所である。

香港に勤務していたとき、日本から商用で出張してきた人から電話があった。病院からだという。話をよく聞いてみると、ホテル滞在中に発熱してホテルにアレンジしてもらって病院に入院したのだが、旅先のことゆえ所持金が少ないので治療費が払えそうにないから一時立て替えて貰えないか、取引先の中国人には頼めないし、他に知り合いもない、日本の会社は小さなもので事務員もいないから連絡が取れない、という。不慣れな外地での病気ではさぞ心細かろうと慰めの言葉をかけた。

その後外務省に状況を報告して、日本の関係者に連絡がつけることができたので、金銭的なことは解決した。そしてその方は体調も回復して無事帰国できたのである。お気の毒であったが、その方が海外旅行保険に入っていれば何の苦労もなかったのである。何時どのような状況下で発病するか、あるいは傷害を受けるか予見できない以上、海外旅行期間中の死亡・傷害保険への加入はいわば必須なのである。

(三) 日本医師団の巡回

外務省は、医療設備が整っておらず、衛生状態が悪い国に在留する邦人を支援するため、日常の健康管理について相談を受けるとの名目で、概ね医師一両名と看護師一名からなる医療チームを海外派遣している。医師は、大学病院に依頼して派遣してもらい、訪問先では現地の医療機関を訪問して、そこの医師と現地の風土病・一般的な医療事情などについて意見を交換する。邦人医師にとっては日本にない病気について知見を得られ(邦人旅行者が現地滞在中に罹患して帰国後発病することもあり得る)、また現地医療制度についての資料を得られるというメリットがある。また、現地の医師にとっても、日本の医療技術を知る機会ともなり、双方にとって好都合なのである。

一行は、邦人から健康相談を受けるという名目ではあるが、白衣を着用し聴診器を当て、さらに携行した医薬品(副作用が少ない家庭常備薬に近いもの)を手渡すので、医師団が行うことが医療行為と間違われないよう細心の注意を払う必要がある。そのため原則的に公館内に健康相談室を設営することになっている。へんぴな土地で暮らす永住者にとっては、一年に一度の巡回ながら、生活習慣病の対策などの助言が得られるので、医療チームを待ち望んでいる人もいるのが実情である。

インド・パキスタンはバックパッカーにとって人気のある場所になっている。パキスタン・カラチ在勤中のある日、ちょうど医師団が巡回してきて健康相談会場を設営しているとき、若者が現れ、「下痢をしていて体の調子が悪いので医師に診て貰いたい」という。在留邦人の誰かから医師団の話を聞いてきたらしい。在留者ではないが邦人であり、病人をそのまま見過ごしに出来ないので医師団に診察して貰ったところ、「単なる下痢でなくコレラの症状に近く、このまま旅行を続けることは無理」との見立てで、早速現地の病院に入院させた。聞けば、かなりの貧乏旅行で、道中非衛生なものばかりを食べていて、おまけに現地でも最低クラスの宿にしか泊まっておらず、私が見た感じでは疲労もかなり積み重なっているようであった。

海外貧乏旅行も経験を積むには一つのやり方ではあろうが、少しのお金を節約したため命を落としてしまっては何にもならない。命を守り、さまざまなことを学ぶためには、払うべきものは払わねばならないのである。学習には投資が必要とされることを知らねばならない。その若者は回復も早くて数日後無事退院できたが、時期がたまたま医師団の巡回と重なったので適切な診断を得られ大事に至らず、この若者は幸運にも命拾いしたと言えよう。

(四) 病院リストを作る

ヨーロッパなどの医療先進地にはこのような医療チームの派遣はないが、そのかわり在外領事は日本語がわかる病院のリストを作って邦人からの問い合わせに備えている。最近は日本語の通訳を配置する病院も増えてきている。それだけ駐在員や旅行者が増えていて、日本人の受診が多いのである。しかし、いざ受診するときには医療費の前払いや海外医療保険証書の提示を求める病院が増えている。

私がロンドンにいたときには医療機関で受診するとき、大使館の館員やその家族であっても、かなりの額の保証金（ボンドと呼んでいる）を積むことが求められていた。多分これまで外国人による医療費の踏み倒し事件が多発し、それを防ぐため病院側もこのような措置を講じているのであろう。その事情を充分調べたわけではないが、英国の法令でそうした措置を認めているのであろうと思われた。この保証金を積むという点に関しては、大使館医務官の尽力で、ある病院にかぎり大使館員とその家族は免除されることとなり、我々の問題としてはひとまず解決したのだが、大使館員以外の邦人についての問題は依然として残されている。

海外医療保険に入っていない旅行者が発病したときには、場合によっては重大な問題になるかも知れないが、私が勤務中にはそのようなことは起こらなかった。それはたまたまそうであったのだろう。海外の医療制度については、日本とは大きく異なる事情があり得ることに、特に短期旅行者は心すべきである。むしろ、日本の国民皆保険制度は、世界では例外に近いと考えておくべきであろう。

(五) 孤老問題

タイのバンコクに戦前から住んでいる邦人の一人に滝川寅若医師がいる。地域の医療に尽くし、タイ人、日本人から慕われている方である。結婚されず、従って子供もいなかったのであるが、高齢になるに及んでバンコクに住む高齢邦人のために養老施設を作る意思を持たれた。自宅を改良し、幾つかの部屋に老人が住めるようにした。老人のための診療室もしつらえ、そこでご自身が診療に当たることとされた。そして自宅の改修工事完了後、すぐに数名の邦人女性がそこで生活するようになった。掃除、洗濯、調理はそれぞれが分担して行う仕組みになっている由である。これらのことはすべて滝川医師が個人で行い、必要な経費は全て私財で賄ったと聞いている。

南米でも日本人移住者が多いところ、例えばブラジルでも日系人孤老問題が現地日本人社会で心配されていると聞いたことがある。海外邦人社会における孤老問題について私は語るべきデータを持たないのであるが、個々の人について様々な事情があるので簡単に口に出来ない面もあろうし、抜本的解決のためには経費面の検討も欠かせないであろう。今後海外邦人社会に課せられた難題である。

四、海外にいる子供の教育問題

（一）海外教育問題の中心部分

教育問題は、日本国内にいても悩ましい問題であるが、海外の場合にはもっと深刻な悩みの種となる。おもちゃや教育雑誌の入手の困難さをはじめとして、子供を巡る教育環境が国内とはまるで違うのである。現地に日本人学校がなければ、子供を現地の学校へ入れる事にならざるをえないが、教育で使われる言語は当然現地語になる。言語は人の思考回路形成に大きな働きを持っており、人間性は言語によって作られると言っても過言ではない。現地語のみで教育が行われると、日本人的な価値観が身に付かないなどの問題が起こってくる。単に日本語の学習が遅れ、算数や理科に使われる用語が日本語でないために、日本に帰った時に学校の授業について行けない、というだけのことではない。更に現地校では日本史の授業がないから日本の歴史が分からなくなってしまうし、教育内容は現地の愛国心涵養が中心となろうが、日本人の子が外国に愛国心を持ってしまっては困るのである。例えば、アメリカの小学校では、合衆国へ忠誠を誓う言葉を毎日唱えさせられる、と聞いた。

また、運良く国際学校があってそれに入れるにしても、相当高額な授業料を払わなければならないうえ、授業や日常の学校生活で使われる言語は英語、フランス語、ドイツ語など国際学校設立主体の使用言語であるので、子供が日常的に使う言語は外国語となる。それでは現地校に入れたのと同じであり、日常の言語を巡る心配の種は尽きない。

かくては、将来子供を国際人に育てるという理想論を掲げてみても、日本という祖国について、言語も含めて、充分な知識を持たない人間になってしまう可能性が大きい。いくら外国語を流暢に話しても、祖国についてろくに知らない人間が、世界の人々に尊敬されるとは思えない。それやこれやで海外に住む邦人にとって子供の教育は関心事項の中心に位置する。従って、教育問題は当然在外領事の重大任務となる。様々な領事の職務のうち「教育問題」が占める割合は、実感としては、四〇％以上を占めている。業務量はそれほど多くはないのだが、扱いの難しさから心理的に相当負担がかかっている。

平成二七年四月現在、海外には日本人学校が二九六校ある（週末に日本語で授業を行う補習授業校を含む）。そもそも日本人学校は、現地に住む日本人が創る私立学校であって、運営については現地日本人社会が責任を負っているのである。しかし、日本人学校には、校舎建設費、教材費など政府補助金が出ているほか、地方公務員である教員を派遣するなど大幅に資金を投入しているので、領事は運営委員の一人となって、学校の運営状況を常に把握し外務省に報告することとなっている。

（二）一部派遣教員の反乱

日本人学校には日本人教員が派遣されてくるのだが、日本全国の学校からの寄せ集めであるので、個人的経歴はむろん、教育のやり方などがバラバラで学校運営上問題が絶えない。小・中学校の生徒数があわせて数百人にのぼる大規模校で起こった例だが、日本人会から選ばれた理事で構成されている運営委員会の決定に、常に派遣教員の一部が反対するという事態があった。

当時その国には日本企業が大量に進出しはじめていて、それにつれ家族を同伴する社員も多くなって就学年齢の生徒数が著しく増えてきていた。やがて、日本人学校の教室が不足する状態になってきたので、一クラスの生徒数を教室の広さギリギリまでふやし、また特別室を普通教室に転用するなど四苦八苦しながらしのいでいた。

ある年のこと、新学期の入学希望者数を調査したところ、新一年生となる児童を受け入れる余地がなくなり、転校者が出るまでの一定期間自宅待機することを余儀なくされるとの予測が出されるに至った。学校の敷地は狭くこれ以上の校舎増設はむりであるので、新しい土地を購入するための現地政府許可をなんとか得ようと努力してきたのだが、政府の対外国人政策上認められない。かくては学校設立の主目的の一つである就学児童の教育が達成できないこととなってしまう。

運営委員会は累次の議論を行った末、学校の設立目的たる義務教育年齢児童の受け入れを優先させなければならないと決定した。そのため、当時この学校に併設されていた幼稚部を閉鎖して幼稚部が使用していた教室を小学一年生用に使うことになった。その町には日本人学校以外にも日本人が経営する日本人幼児向けの幼稚園がいくつかあるので、今後幼稚園児はそれらの施設で引き受けて貰うよう新学期前に根回しすること、また、現有の幼稚部教員は人員整理せずに、全員一年間にわたり研修を施して小学部の教員として活躍して貰う、との方針も決まった。

ところが、これに一部派遣教員が幼稚部の教員（現地で採用した者）を巻き込んで（あるいは逆に幼稚部の教員が主導したのかも知れない）幼稚部閉鎖反対運動を始めた。大使館領事部に幼稚部廃止計画の撤回を求める同じ文面のハガキが連日舞い込んできた。日本でよくある例の大衆抗議行動である。そのうち派遣教員の一人が運動の中心となっていることが分かったので、放課後私の事務室に来訪を求め面談することとなった。

まず、そもそも派遣教員に期待されていることは、学校の円滑な運営を図り現地邦人社会と協力すること、および児童・生徒に充分な教育を施すことである点を共通認識として確認した上、私から運営委員会の性格（日本人社会の代表者の集まりであり、特定個人の考え方に基づいて運営されているものでないこと）や問題となっている幼稚部閉鎖方針の背景（これ以上小学部へ新入生を行け入れられないとの現状）について意見を言い、反対運動の理由を聞いた。それに対し教員はいつくかの論点を述べたが、どうも彼が日本の私立学校にいたとき理事長が独断専行して学校運営が上手く行かなかったことがあったらしい。その経験から運営委員会が出した方針についてまず反対する、そして今回は同僚たる幼稚部の教員が解雇されるのではないかと危機感を強めた、といったことが中心的な関心事項であることが分かった。いろいろと話し合った末、彼は反対運動を取りやめることに同意した。

しかし、幼稚部の教員達は理事会が引き留めるのを振り切って、日本人学校を退職して自分たちで幼稚園を開設するにいたった。後でその経営が大変苦しいと聞いたが、日本人学校にいれば、経営については運営委員会が責任を持っているので、自ら苦労することはなかったし、授業料を設定することについても何の悩みもなかったのであった。日本人学校にいた時は、自分たちの賃上げ要求を実現するため生徒の授業料を値上げすればいい、と公言し運営委員会を批判していたのであった。それまでがいかにぬるま湯であったか、ようやく分かったのではないかと思った。

日本の労働組合運動を、日本社会とは異なる環境におかれている海外日本人学校に持ってこられては迷惑なのである。況や、同文の手紙戦術なんかは何の意味もなく、ただ屑籠を太らせただけであった。

（三）　なぜ周年行事をするのか

今から半世紀以上も前のこととなってしまったが、学校で常に竹刀を持って校内を見回り、おかしな事をしている生徒を叱りつける教師がいた。社会科の教師であったがある日授業中に突然、「なぜ、一〇周年、二〇周年などの周年行事をやるのか」と言いだした。質問の経緯や結論など前後のことは覚えていないが、この質問だけはなぜかハッキリと記憶にある。その問いかけが、数十年経ってから再び自分に投げかけられるとは思ってもいなかった。

パキスタンのカラチでのことである。カラチは、戦前から日本向けの綿花の輸出地の一つであったので、戦後まもなく日本の商社・銀行の支店が再開されて、南西アジアの日系企業の拠点の一つとなっていた。当然、支店には家族を同伴する駐在員が多く、学齢期の児童も大勢いた。カラチ日本人学校は、戦後再開された海外日本人学校の中でも、最初に作られた伝統ある学校である。カラチ日本人学校は、印・パ戦争や政情不安による社会動乱のため、これまで何回も一時閉鎖の憂き目にあったのだが、カラチの社会が落ち着くと共に再開して、やっと創立二五周年を迎える運びとなった。

海外日本人学校の運営は、どこでもそうだが、現地日本人社会メンバーを中心に行われている。具体的には各企業から代表者を出して運営委員会を構成し、その委員会が校長や担当領事と一緒になって、補助教員や事務職員の採用、スクールバスの運行ルート選定、教育に関する父兄の苦情受付など運営上のありとあらゆる問題を協議・決定している。

当時、カラチ日本人学校は、最盛期と比べると大幅に生徒数が減少していて運営経費の調達がままならず、学校備品の整備にも四苦八苦していた。とりわけ小学生が使う「跳び箱」の布がすり切れ、教員が暇を見て針で繕う有様であったので、校長と私との間に、これを何とか新調できないかとの思いがあった。そこで他の主要な運営委員にも相談した上、学校の窮状も判るので、跳び箱を新調することについて協議しようと言うことになった。月例運営委員会に議題として、「二五周年記念事業（記念文集と教育用具の新調）を実施するための寄付金募集」を提案した。

その席上まず出されたのが、ある大手企業駐在員からの「なぜ二五周年記念事業をするのか」という問いかけであった。資金を出すには理由を明確にしなければ、本社の許可は得られないし、許可がなければお金は出せない、とたたみかけられた。校長も私も、周年事業実施について「なぜ」と考えていなかったので不意を衝かれた形になった。「カラチ日本人学校がパキスタンのような不安定な国で二五年間も続いたことはやはり特筆すべき事に違いなく、二五は一〇や二〇のような区切りの数ではないが、百の四分一でもあり、英語にもクオーターという数え方があるではないか」、等と汗をかきながら説明した覚えがある。結果的には、募金運動は認められて記念文集発行と跳び箱の新調は出来たのだが、面白い経験であった。

してみると、学校にいた頃の教師の問いかけは、社会に出ても通用する問いかけなのであって、人生においては基本を常に考えながら生きていかなければならないという、きわめて哲学的な教えだったのだろう。暴力指向で単細胞に見えた教師であったので、あまり尊敬してこなかったが、教師の名に恥じない立派な方だったと思い知ったことであった。

(四) 教科書の無償配布

海外にいる就学年齢児童には政府が日本の教科書を無償で配布しているのだが、この事務は一苦労であった。

ある都市で、永住者が自分の子供に日本語を教えたいので教科書を貰いたいと言ってきた。画をふんだんに使った教科書であるし、分かり易い解説が載っていて是非使いたいという。嬉しい話である。そこで子供の年齢など詳細を聞いてみると、なんと二〇歳を超えているという。現地に永住していて夫が現地人であるから、その間の子がこれまで日本語を勉強してこなかった事情は良く分かるのだが、教科書配布事業は、日本に帰国する予定の子供達が帰国後困らないように日本語に慣れさせるとの目的がある。日本語の普及活動とはその趣旨が違うので、残念ながら教科書を差し上げることは出来ない、と断ったのだが、本心では何とかしてやりたいと思った。

また、教科書を必要とする子供について事前に調査票を配るのだが、それに回答がないので必要ないものと思って員数に入れておかないと教科書を取りに来たりする。返事を出したと勘違いしていたというのだが、こっちは困ってしまう。日本から来る教科書は必要最低限度の部数しかなく、余裕はほとんどないのである（政府予算から支出するのだから無駄な部数は送ってこない）。あるいは教科書が届いたので引き取りに来て欲しいと連絡しても取りに来ない。そこでよくよく周りの人などに聞いてみると、既に別の国に転勤してしまっていたりする。それなら先ほどの永住者の子にやれば良かったと思っても間に合わない。

さらに、年度の途中に引っ越してきた場合には、配布できる手持ち教科書がないので各自が有償で取り寄せることとなっているのだが、負担をかける結果となり、お気の毒でこの辺の対応には気を使うことが多かった。

五　先人業績の顕彰

（一）先人に対する領事の思い

在外領事の任務の一部にその土地に住んでいた日本人先人達の業績の顕彰がある。

先人がその町に永住していて子孫が残っている場合には、なにも領事が出る必要もないのだが、単身でやって来て亡くなった人、集団でやって来て何人かがなくなった場合など子孫がその土地におらず、墓地が埋もれてしまうことがある。場所はアジアに限らず、世界のどこにでも先人の足跡は残っている。そこで私は新任地に着任すると、現地に永く滞在している邦人や親日団体などから話を聞き、出来るだけ早く日本人の墓地を見に行くことにしていた。日本人墓地としてまとまって埋葬されている場合には簡単だが、そうでない場合の方が多い。また、現地人に日本人用として纏まっている墓地の管理を依頼して清掃して貰っている例もあるが、中にはなかなか場所が分からないほど荒れ果ててしまっているところもあった。著名人ならば周りの人が維持管理もしてくれようが、庶民の場合には当然ながらそうは行かない。

（二）　ニュー・カレドニア島の明治先駆者

仏領のニュー・カレドニア島は、かつて、「天国に一番近い島」というベストセラー本に取り上げられ、日本人カップルの新婚旅行先としてブームとなったことがある。そこは明治の頃、良質なアコヤ貝（真珠を採る他、ヨーロッパではその貝殻を高級シャツのボタンの材料として珍重していた）の生産地として名を馳せていて、日本から大勢の潜水漁業者が出稼ぎに来ていた。潜水作業は危険を伴うのでともすれば命を落とす者が出ることは避けようもなく、そんな時には現地の墓地に埋葬された。また、この島からはニッケルも採れ、大きなニッケル工場が造られていて、そこにも鉱山労働者が来ていたが、潜水士同様事故死する者もおり、同じように埋葬されたのであった。

出稼ぎ者の大半は若くて単身赴任であったので、埋葬地もやがて忘れられていったのはやむを得ないだろう。しかし、日本人が優秀な技術をもった労働者であって、彼らはそろってまじめに働き現地人達にも気安く交わっていたことは長く伝わってきており、何時のことか定かではないが、共同墓地に「日本人の墓」と書かれた大きな石塔が建てられた。

ニュー・カレドニア島は太平洋にあり、仏領となっているが、地理的な理由から、在フランス大使館ではなくオーストラリアのシドニー総領事館が管轄していた。私はシドニーに在勤中同島に出張し、日系人など関係者と面会する機会を得たおりに、この石塔のことを聞き、現場を見聞したことがあった。塔は、かなりの高さで三メートルはあると思われ、共同墓地の中央に位置し、近くを通る道路からよく見える。近くによって石塔を点検すると、至る所にひび割れが起こっており、また、塔下部は数カ所が欠けていて、このまま放置すると倒壊するかも知れないと思われた。そこで出張報告書にその状況を詳しく述べ、現場で写した写真を添えて、早急に補修すべきことを強調しておいた。やがて補修が行えることとなり、現地にいる日本の名誉領事が現地の業者に委託して所要の補修が行われ、今後数十年は倒壊の心配はない、と思う。

ニュー・カレドニア島民に止まらず、日本から訪れる人にも、かつてそこで邦人が活躍したことが末永く伝わることであろう。

（三）　アッツ島玉砕の慰霊

アラスカ州での体験をご紹介する。

今次大戦において我が日本軍は千島列島先端のアッツ島、キスカ島を占領したが、その後米軍の反撃を受けアッツ島で二千六百名の将兵が玉砕された。戦後ご遺骨の一部はアンカレジに一時埋葬され、また、負傷してアンカレジの病院に収容された後戦病死された方もおられたが、同様に臨時に埋葬された。やがてそれらのご遺骨は順次帰国されたのであるが、在留邦人有志の方々の間に、一時的にもせよ埋葬された場所に慰霊碑を建てようとの意見が起こり、一九八〇年、リチャードソン砦という米軍基地の中にある国立墓地に木製の慰霊柱を建てることができた。それ以来毎年慰霊の献花をしてきた由であった。

二〇〇一年、私がアンカレジに着任して間もない五月、アメリカのメモリアルデイの戦没者慰霊祭に出席して米軍兵士の慰霊碑に献花した後、同じ墓地内の一画にあるこの日本兵慰霊柱に参拝献花した。慰霊柱をよく見ると、建立後二〇年余を経ており、アラスカの厳しい気候風土に晒されたので根本が腐食しこのままでは早晩倒れるおそれがあると思われた。しかし、着任早々で在留邦人の人達の気心もよく判っていなかったので、その場で回りの邦人達にその気持ちを伝えることは控えたが、常に心の一端にその事が引っ掛かっていた。一年後、メモリアルデイ献花式後に日本兵慰霊柱に集まった在留邦人に慰霊柱の状態を示して立て直す必要があると説いたところ、特に異論もなく賛同を得たので、直ちに墓地の管理者である米軍と交渉に入った。

新しい慰霊柱を木製でなく、耐久性のある石かコンクリート製にしたいとの意向を伝えたのだが、現状と同じ物ならばともかくとして他の材質に変えることにはなかなか同意を得られない。アラスカ州では野外工事が出来るのは、どんなに頑張っても九月の雪がくる前までであるし、米軍との交渉でさらに粘る時間は少ない。そこで石製の物にかえることを諦めて慰霊柱に適した木材を探すことにした。また、こうした交渉の傍ら、必要な経費を集めなければならない。日本人会を通じて募金活動をしようとしたが、日本人会「役員」の一部に日本軍を称えることになるとして募金活動に反対する者がいて、会としての賛同が得られない。戦没兵慰霊柱の再建が日本軍を称えることになるとは何のことやらその論理が理解できず、まともに取り合う気にもなれない。そこで募金活動に日本人会の協力を得ることは止めて、アラスカ在住の一邦人として慰霊柱の再建に取り組むこととした。従前の慰霊柱も一邦人が音頭を取ったのであった。幸い数名の在留邦人有志が資金集めの呼びかけ人となることを引き受けてくれた。事務的なことは私が一手に引き受けることとし、まず、募金呼びかけ文案を作成し、その文案に発起人の同意を得た後、その印刷・郵送作業などを逐次進めていった。

この呼びかけの反響は大きく、アラスカ州に住んでいる方、かつてアラスカにいたが今はアメリカ各地に住んでいる方、更に、既に帰国している元在留邦人からも募金が集まり、応募者は総計一一〇名余りに達した。少額は五ドルから高額は数百ドルまでと、募金は多岐に亘り、短期間の募金運動ながら慰霊柱の建設資金は充分集まったのであった。私にとっては金額の多寡ではなく、日々多忙な中、時間を割いて募金を送って下さった行為がまことにありがたかった。さまざまな準備が次々に進んで行き、古い慰霊柱を抜去する法要儀式も無事終了した。また、アンカレジ在住の曹洞宗僧侶のご手配でサンフランシスコ曹洞宗北米開教総監のご来訪を得て、慰霊柱の揮毫から新しい慰霊柱の開眼までが順調に進んでいった。

こうして準備万端が整い、再建法要は冬寸前の九月二二日午後二時に執り行うことに決まった。

この日を過ぎると雪が来るであろうし、時期的にはギリギリの日取りである。果たせるかな、当日は朝から雪模様の曇り空で肌寒く、おまけに時折雨がぱらついてくる。何とか雨雪だけは勘弁して貰いたいと気をもみながら式典会場の準備をしていたのだが、なんたる奇瑞、式典開始一分前に雲が切れ日差しが注ぎはじめた。そしてアラスカ特有の気象条件で日差しと共に気温もぐんぐん上がっていったのである。戦没された方々の御霊が我々の志を嘉せられ天候をお恵み下さったのであろうと、発起人一同喜び合ったことであった。

会場には、在留邦人五〇名超（募金活動には協力しなかった日本人会長も来たし、幼児を抱えた人達もいた）、アメリカ側からはアラスカ駐留米軍総司令官を筆頭にアメリカ各軍司令官、ほかに民間人約二〇名もの人々が集まり、法要を終始見守って下さった。僧侶読経・参列者の焼香も終わり、予定していた慰霊柱再建法要は無事終わったのであった。そして法要会場の片付けが終わる頃にはまた雨が降りはじめた。粛々と降る雨は戦没者の感激の涙のように感ぜられたし、私はその御霊をお慰めできたこととの満足感をしみじみと味わった。また、この四カ月間アンカレッジ在留の邦人から受けた色々な妨害や嫌がらせにもかかわらず、慰霊柱再建という目的に向かって共に奔走した大勢の有志、そして曹洞宗の高僧に感謝したのであった。

この日のアラスカ駐留米総司令官の心中は、かつて相戦いはしたが、困難な状況下にありながら国のために奮闘戦死した日本軍人に対して、時を隔てて敵味方の立場を超えて、慰霊しようとするものであると思う。我が国においては、昨今、今次大戦についていろいろな評価を下すことがみられ、中には日本軍の行動全てに対して批判めいたことを口にする者もいるが、国のため一命を捧げられた方々に感謝の念を捧げるのは、後世代の我々にとって最も重要な、しかも基本的責務ではないか。あるいは戦死され、あるいは負傷された方々の貴い犠牲のお陰で今日の日本の繁栄があり、そして日本に暮らす今の我々の幸せがあるのである。戦死された方々の「日本のために」というお気持ちを考え、更にはご遺族の方々の無念を思えば、軽々しく日本軍を批判することは出来ないのではないか。　慰霊柱再建のために、心とポケットを開くことに何のためらいがあって良いものか。そんなことを強く思いながらアッツ島戦没者慰霊柱の再建運動を終えたのであった。

ダッカ邦人脱出作戦

《船越　博》（ふなこし　ひろし）

《著者紹介》

＊ 1936 年年生まれ

＊大分大学中途退学

（在学時外務省試験合格のため）

＊ 1960 年より 2000 年まで外務省勤務。本省及び在外公館（5 大陸 11 カ所）に勤務。2000 年 5 月より 4 年間、日本国際協力機構（JICA）のアドバイザー。2001 ～ 2012 年関西外国語大学教授。

＊赴任国

1965 ～ 1968 年：アメリカ合衆国
　　　　　　　　ワシントン州

1968 ～ 1970 年：東パキスタン州

1975 ～ 1978 年：カナダ・アルバータ州

1978 ～ 1980 年：ビルマ（現在ミャンマー）

1980 ～ 1982 年：リベリア

1982 ～ 1985 年：フィリッピン

1988 ～ 1992 年：パラグアイ

1992 年：アメリカ合衆国フロリダ州

1992 ～ 1995 年：ジャマイカ

1995 ～ 1998 年：ブラジル・ペルナンブコ州

1998 ～ 2000 年：スペイン・カナリア自治州

＊著書：『地球はもちつもたれつ』（大学教育出版）、『ガンジス河』（新風社文庫）、『ＶＩＶＡカナリア』（創土社）、『ハリケーン』（創土社）、「パラグアイのサバイバル・ゲーム』（創土社）「ある女海賊の愛と死』（彩流社）

第一部　ダッカ邦人脱出作戦

今から約四〇年前、バングラデシュは東パキスタンと呼ばれていた。当時、私は、約三年弱の在ダッカ総領事館の勤務を終えて、帰国し、外務省アジア局に配属となっていた。久し振りの日本は大阪万博の大成功の後で、右肩上がりの経済的繁栄を享受していた。

ところが、帰国早々、東パキスタンでは独立運動が過激化し、西パキスタンとの戦争がくすぶり始めていた。私は直前まで現地に勤務していた経験を買われて、再び、出張命令を受けて、危険な現地へ飛び、我が国としては戦後初めて日航特別機派遣による在留邦人の救出作戦を実行し、これを無事成功させることができた。この時の体験は今でも生々しく回想される。昭和四六年（一九七一年）二月から同三月までの一カ月間のことだ。

独立運動がなぜ起きたかを探ってみると、もともと建国の時に禍の種が潜んでいた。一九四七年八月一四日、英領インドの中で、イスラム教徒からなる新生国家パキスタンが志士ジンナーの独立宣言で誕生した。これに対抗して、ヒンズー教徒からなるインドの初代首相ネルーが、その翌日の八月一五日に、独立宣言をした。分離独立劇は様々な無理を生んだ。特にカシミール領有権を巡り両国が何度も戦火を交えた。両教徒の融和を説く偉大な指導者マハトマ・ガンジーも独立の翌年、身内のヒンズー教徒の手で暗殺された。

さて、東パキスタンに独立運動が生まれたきっかけは何か。その「種」はパキスタンが英領インドから分離独立した直後に芽生えていた。それは西パキスタンの東パキスタンに対する徹底した差別政策だ。当時パキスタンはインドを挟んで約千六百キロメートルを隔たる東西両パキスタンから成る分離国家だった。直線距離で東京―沖縄間に相当する。同じイスラム教徒として一致団結する筈だったのに事態は逆の方向に進展した。

理由は簡単だった。東西両パキスタンは宗教だけが共通で他はすべて異なった。西パ人のウルドゥ語に対して、東パ人はベンガル語を話す。西パ人は色白で、背が高い。髪の色も茶色で、碧眼の持ち主も珍しくない。ペルシャ系またはイラン系で、つまり、ヨーロッパ人と同じアーリア系だ。これに対し、東パ人はモンゴル・ドラヴィダ系で、背が低く、色黒で、東南アジア系だ。西パは小麦、東パは米を主食としている。

独立以来、西パの東パに対する差別(当時の首都は西パ州カラチ)はひどくなる一方だった。予算の配分、外貨の割当、公務員や軍人の採用や昇給など各面で、常に西パ人が東パ人より優遇された。国会議員数は東パの人口が多数なのに、両パの選出議員数は同数とされた。貿易業者の大半が西パ人に独占された。農業政策でも東パは食糧余剰地域だったのに次第に不足し、西パは一九六八年に自給化を達成し、輸出余力まで生じた。

こうして、東パは全ての面で西パに差別を受け、搾取された。まるで、西パに隷属する植民地の状態にされた。経済格差の拡大が東パの独立運動闘争への激しい情熱を掻き立てた。東パの独立運動のリーダーは、シェイク・ムジブル・ラーマンで、独立直後、部下に暗殺された。現在のバングラデシュのハシナ首相は彼の長女に他ならない。

私が帰国した昭和四五年（一九七〇年）末から州都ダッカでは物情騒然として、不穏な空気が漂っていた。連日連夜、ゼネストが敢行され、軍当局による外出禁止令をものともせず、これが繰り返された。戒厳令が布告され、西パキスタンの精鋭軍が市内随所に配置され、血なまぐさい暴力抗争が発生した。インド軍が東パを助けて、侵攻するという噂が立ち、あっと言う間に、市内マーケットから日常物資が姿を消した。

この頃、東京の外務本省では第三次印パ戦争が勃発する危機ありと判断し、在留邦人の救出作戦を検討し始めた。まず現地の総領事館等を通じて、不要不急の在留邦人は一般商業機が運航している間に一時避難を行うようにとの勧告が為された。また、関係各省間の話し合いが秘かに行われ、最悪の場合は日航特別救援機派遣をすることが決定された。

その場合の世話役として、現地体験を持つ私に白羽の矢が立った。現地総領事館の応援要員として出張命令が出された私は、警視庁や日航本社やＮＨＫ海外放送部門等との打ち合わせを済ませてから、昭和四六年（一九七一年）二月上旬、厳寒の羽田空港を出発し、香港啓徳空港およびバンコック空港で乗り継ぎ、温暖なダッカ空港に降り立った。バンコックから僅か五〇分である。携行荷物の中には日の丸の小旗や一米ドル紙幣やデンスケ（録音機）などを多数積込み、高い超過料金を支払わねばならなかった。

出迎えた総領事館員に意外にのんびりしているね、と軽口をとばした私は空港から市内までの様子が半年前に比較して、明らかに悪化し、なにやらとげとげしいものを感じた。懐かしい総領事や他の館員や在留邦人会長等に挨拶して、具体的な対策を協議した。

まずは在留邦人の連絡網であるが、これはほぼ完璧だった。在留邦人が飲料水や米など食料品を約一週間分を備蓄し、かつ、相当額の手持ち現金も確保していることを確認して安堵した。私は小額紙幣などの形で準備するよう指導した。これなら銀行が閉鎖されてもパニックになることはあるまい。ガソリンの備蓄が頭痛の種だった。五ガロンの容器に入れておく家庭が多いが、絶えず引火を注意して使用するしかない。とにかく五ガロンあれば空港までは辿りつけよう。懐中電灯とバッテリー、トランジスター・ラジオも必需品だ。

しかし、私の胸中には一抹の不安があった。(地方在住の邦人の連絡網はどうなっているのだろう？　ダッカ在留の各企業代表の言葉をそのまま信じてよいのだろうか？)

私は総領事の許可を得て、念のため在留邦人の多いところを短い日程で出張した。初日は南東部のチッタゴン製鋼所(神戸製鉄など邦人約五〇人)である。二日目は北部のゴラサール肥料工場(TECなど邦人約一二〇人)、そして三日目は南西部のクルナ(日英海老養殖工場邦人約八人)だった。クルナはベンガル・タイガー生息地として有名なスンダルバン密林のど真ん中にある。ダッカ集結は困難と判断した。幸い、ここでは日英両国民がモーターボートを共有しており、これでカルカッタ（現コルカタ）までガンジス川支流伝いで脱出する計画だと知り安心した。

最大の重要課題は実は本省と在ダッカ総領事館との間の通信手段の確保だった。今では在外公館との間には無線通信設備があり、公私にわたり、携帯電話の使用が可能であり、さらに、インマルサットの通信手段も活用できるので、全くの心配はない。しかし、当時は大半の在外公館では技術はあっても予算措置が十分でないため、信じられないことだが、商用テレックスしか通信手段がなかった。そのため、クーデターなど政変があれば忽ち、電信電話局やラジオ・テレビ局が制圧され、封鎖されることは火を見るより明らかだった。これこそ外交機関のアキレス腱だと指摘し、早急な是正策を要望していたが、本省は馬耳東風で、ダッカの在留邦人は土壇場の危険に曝されることになった。

私は東京出発前に万が一の場合に備えて、「東京↓ダッカ間」の通信手段はＮＨＫ短波放送を通じて外務省発メッセージを送信してもらう手筈を整えておいた。ただし、これは片道の通信だけに過ぎない。では、「ダッカ↓東京間」の通信手段はどうすればよいのか？

私はダッカ到着後、旧知の米国総領事館の友達に会い、いざという場合の送信上の協力を申し入れた。私は彼等と親しい友好関係を維持していたので、彼等は即座に同意してくれた。無線通信手段を持っていた国は中国、ソ連および米国だった。中国とソ連にも私の友人はいたが、こんな大事なことを頼めるのはやはり米国だけだった。

米国の友人の内話では米国人脱出用の特別救援機三機を既にバンコック空港に待機させてい

るという。私は流石は米国だと感心したが、これが後刻悲劇に終わることになる。

私は物情騒然としているダッカ市内を歩いてみた。十字路には小銃を装備した兵士群が監視体制を敷き、時々戦車や装甲車が巡回していた。その間隙を縫って、反政府デモ隊がシュプレヒコールを叫んでいる。一触即発のムードで、緊迫感が漂う。どの市民も神経をピリピリさせている。パニック状態の市民の雰囲気が痛いほど私に伝わってきた。

(これは何か必ず起こる!)

私はそう直感した。この直後、突然、国際電信や国際電話が封鎖された。つまり、これにより外部との接触は完全に断絶された。これこそ最も恐るべき事態だった。我々全員が陸の孤島に閉じ込められた。この時点で、総領事館発日本人会系由で全在留邦人に対し、、至急ダッカ市内に集結するようにとの勧告が行われた。私達も焦った。

三月五日、私はダッカ空港長に面会し、空港発着日時の許可取付けの交渉を行った。空港長は四〇代の空軍少将だった。典型的な西パキスタン紳士で、親日的な人物だった。背が高く、色白で、髪は茶色で、美髭を蓄えている。彼は着陸許可を条件付きで承諾した。

「現在はすでに準戦時体制です。東パキスタン独立運動を支援するインド軍の砲撃や空爆が何時あるか予断を許しません。従って、商業機の発着は一日二回だけに限っています。すなわち、午前一〇時半と午後二時半です。着陸したら、三〇分以内に出発してください。ジェット燃料の補給はできません。搭乗用タラップもご自分達で操作してください」

「では本日から一週間後の三月一二日の午前・午後の二回の発着陸許可をください」

私は一週間あれば日航特別救援機の回航は可能だとの約束を得ていた。しかし、空港長は一部修正を反対提案した。空港長との息詰まるような交渉の末、何とかまとまった。

「では日航機は一二日午前および一三日午後で決定です」

当時、空港は無人のようにガランとして、兵士達だけがものものしく空港を守っていた。対空高射砲がいくつも見え、不気味だった。地上職員の姿は全く見当たらなかった。私は空港長との交渉内容を総領事に報告し、さらにその命を受けて、外務本省に対して、米国外交機関を通じて、「日航救援特別機を至急送れ」という緊急の公電を発出した。米国経由の我が方の公電は同日中に外務本省に届けられていた。

この後、ほぼ一週間、私達はラジオにかじりつき毎日毎時、NHK短波放送に聞き耳を立てた。同時に全在留邦人に対して、ダッカ空港に集結せよとの第二次通告が行われた。

他方、西ドイツのルフトハンザ機が一番機として、三月一一日午前に飛来し、また、同日午後はBOAC（現BA）機が飛来していた。我が国は三番バッターとなった。実はこれは意図せざる幸運で、日本人が先頭に立って逃げ出しては外交的にまずいとの印象を与えることを回避できるとの見解にプラスとなった。私はかねてより、これは愚論だと思っていた。在留邦人救出こそが最大の優先課題ではないのか？

忘れもしない三月一〇日のことである。総領事館の事務所一階で、仲間達とNHK短波放送に聞き耳を立てていると、東京の女性アナウンサーの特別メッセージを聴取した。

「ダッカの在留邦人の皆さん。日本政府派遣の日航特別救援機は三月一一日午前早朝羽田を出発し、バンコクを経由して、翌朝の一二日午前一〇時三〇分にダッカ空港に着陸する予定です。皆様。この日時にダッカ空港でご待機願います。繰り返します……」

彼女の音声は明瞭だった。それはまさに救いの女神の甘美な声だった。期せずして、総領事館の内部でワーッつという歓声がどよめいた。誰彼となく、握手し、抱きあった。

翌日は三月一一日だった。この日、東パ各地から在留邦人が続々とダッカ市内に集結してきた。中にはヒマラヤ登山隊や正体不明の邦人旅行者も現れ、私達を驚かせた。空港における混乱を避けるため、いくつかの原則を決めて、搭乗希望の邦人に周知徹底させた。まず、搭乗番号を各人に与えた。パニックを避けるためだ。婦女子に優先順位を与えたので夫婦もバラバラになる。もし二番機が来なければ運命の岐路となりかねない。荷物は一人一個で二〇キログラムまでとした。しかも各人が自力で機内に持ち込まなければならない。ポーターなど地上職員はゼロだ。何しろ、特別救援機の滑走路での駐機は最高三〇分だ。救援機はバンコク・ダッカ間の往復のジェット燃料を積込み、駐機の三〇分間はエンジン停止ができない。この時間を超えると、機は燃料切れで不時着するしかないのだ。

さて、いよいよ運命の三月一二日の朝がきた。総領事館の指示にしたがい、在留邦人は思い思いの車両に乗り込み、コンボイを組んで、空港まで粛々と進んだ。このオペレーションでは東パの現地人は在留邦人のために実によく働いてくれた。彼等の忠実な協力なしには混乱と雑踏の中で、順調にコトを進めることは不可能だった。心より感謝している。

午前八時となった。空港にはパキスタン軍の空港守備隊だけがジッと見動きせず、要所要所を固めている。突然、出国手続きが流れ作業で開始された。事前の打ち合わせは無かったが、前日のドイツと英国の例に倣った空港長の配慮だと思われた。ただ、我が方に厄介な手続きがあった。救援特別機に搭乗する在留邦人は全員支払誓約書に署名しなければならなかった。これは直近に東京からの指示があったためだ。誰もが驚いた。何しろ前例のない特別救援機の運航なので、こうした混乱も当時としては已むを得なかったのであろう。

私は空港の隅にあった搭乗用タラップを見つけたので、仲間数人とそれをガラガラと引いていった。手動式なので随分と重い。果たして機体の昇降口にピタリとくっつけることが出来るだろうか？　全く自信がなかったが、とにかくやるしかない。

この日はほぼ快晴だった。空港ではジリジリと時間が経過していった。邦人はほぼ全員出揃った。番号順に女性を先頭に一列縦隊に並んでいる邦人の誰もが不安げに、東の空をジッと見上げている。私も天空を凝視した。時計を見ると午前一〇時を示している。もうバンコック空港を出発し、ビルマ上空を飛行中の筈だ。

（果たして飛んで来るのか？）

私の胸中にも一抹の不安がよぎった。その瞬間だ。入道雲の雲間から、救援機の雄姿が視界に飛び込んだ。両翼の日の丸のデザイン、尾翼の鶴のマークがはっきりと見えた。（やはり、約束通り来てくれた！）私は思わず目頭が熱くなった。あの感激は生涯忘れ得ないであろう。特別機は滑走路を目指してゆっくりと旋回した。機影がだんだんと大きくなり、着陸態勢に入った。ところが特別機は何と私達の目前を轟音を上げてかすめ去り、再び、舞い上がったのだ。

（一体これはどうしたんだろう？）

私も誰もかも、唖然として、遠ざかる機影を追った。ところが、特別機は直ちに反転して、再び滑走路に進入してきた。そして私達が固唾を呑んで見守る中、目の前でピタリと止まった。エンジンはかけっ放しだ。丁度午前一〇時半である。次の瞬間からもう無我夢中だった。私達の体は反射的に動き出し、搭乗用タラップをよいしょよいしょと機側に正確につけた。在留邦人は打ち合わせ通り、婦女子を先頭に各人が荷物を携行して整然と、タラップを駆け上がった。駐機時間は三〇分しかない。遅延は不時着を意味するのだ。

総領事の命令で私も一番機に乗り込んだ。在留邦人脱出の世話人役とされた。機体はＤＣ—６２型（収容能力一六五人）で、この時は一五六人が搭乗した。他はパイロット、スチュワーデス、医師と看護師等の九人である。ドアが閉められて、あっという間に特別機はダッカ上空に舞い上がった。懐かしいダッカの市街や網目のようなガンジス川下流の大小無数の河川を眼下に見ながら、一路バンコクを目指した。機中の誰もがホッとしている。当時の人気歌手山口百恵さんにそっくりのスチュワーデスが現れて、挨拶した。

「皆様。ほんとうに御苦労さまでした。機は五〇分後にバンコクに到着予定です」

彼女が他の同僚とオシボリや飲み物を配り始めた。

(我がコト成れり!)

私はシートベルトを締めながら胸中でそう叫んだ。人生にこれ以上の感激があろうか? 機長は六〇代の老練な人物で、元海軍のパイロットだった。私の質問に対して、最初、機が着陸態勢にありながら舞い上がったのは、滑走路に砲弾などによる穴ぼこがないかと危惧して、チェックするためだったという。ベテラン・パイロットぶりに私は感心した。

特別救援機の二番機は翌日の一三日午後二時半にダッカ空港に到着し、三〇分後には在留邦人五二人および外国人四八人の計一〇〇人を救出した。邦人は二回のフライトで計二〇八人を運んだことになる。これに外国人を加えると合計二五六人の救出実績である。

外国人の内訳は米国人一五人、ビルマ(現ミャンマー)人八人、英仏両国人各四人、イタリア人二人、パキスタン人七人である。一人の搭乗者の国籍は韓国人、マレーシア人、フィリピン人、カナダ人、フィンランド人、タイ人、チェッコ人、シンガポール人だ。

実は三月一三日午前に到着が予定されていた国連特別救援機がダッカ上空まで飛来してきたにも拘わらず、何故か(おそらくは地上で戦闘が開始していると錯覚して)、着陸を諦めて、連絡もせずに飛び去ってしまったらしい。この時間帯に滑走路で首を長くして待ち焦がれていた国連関係者とその家族達が激怒したのは言うまでもない。この国連職員の人達の相当数が同じ日の午後に飛来した我が方の日航特別救援機の二番機に余裕があったので、総領事の判断で搭乗させた。彼等は後日、霞ヶ関の本省にまで訪ねてきて深くお礼の言葉を述べていた。しばしば、在留邦人が外国の特別救援機のお世話になっている事実を考慮すると、我が方が二番機の余裕座席を活用して、提供したことは対外的なバランスをとる意味で正しい選択だったと思う。

また、米国は特別救援機三機を早めにバンコック空港に待機させて置きながら、みすみすダッカ空港まで飛来させるチャンスを失ったことはお気の毒という他はない。これは、東パの情勢がそこまで急激に悪化することはない、との甘い判断のせいである。間もなく、パキスタン正規兵が東パ人の弾圧を強化し、また、東パ独立を支援するインド軍が進出を開始したなどのため、ダッカ空港は危険となり、閉鎖されてしまった。米国人一五〇〇人はダッカに釘付けとなり、過酷な運命を味わった。ワシントンＤＣの米国政府は信賞必罰の態度で、現地米国総領事の判断ミスを許さず、即刻解任したらしい。

ダッカ在留邦人の特別救援機の派遣は我が国にとって、初めての経験だった。そこから得られた教訓は様々（通信手段、情報分析、連絡網、現地社会との人脈、危機管理の心構え）だったが、幸い、その大半が今日では生かされている。

他方、特別救援機による脱出作戦の背後には複雑な国際関係があったことを認識しなければならない。当時は冷戦構造の真っただ中で、東西両陣営間の激しい言論戦が応酬されていた。国際連合安全保障理事会ではソ連（現ロシア）が、インド及び東パの立場を、また、米国がパキスタン（すなわち西パ）の立場を支援する舌戦が展開された。印パ両国軍の軍事衝突は第三次印パ戦争と位置づけられ一一月頃より本格化してきたが、終始一貫、インド軍と東パ義勇軍とが優勢だった。この時の役者はソ連（現ロシア）がコスイギン首相、インドがガンジー首相、米国側がニクソン大統領だった。

一二月一四日、米海軍原子力空母エンタープライズが七隻の軍艦を率いて急遽南下し、マラッカ海峡を通過し、印度洋ベンガル湾に進出した。他方、翌日、ソ連極東艦隊のミサイル巡洋艦と駆逐艦が対馬海峡を通過して、ベンガル湾を目指して回航しつつあった。まさに、米ソ両超大国間の代理戦争勃発の直前だった。英国、中国、日本は米国の立場を支持した。幸い、米ソ間の「あわや？」という激突は回避された。コトここに至り、一二月一六日、東パ駐屯パキスタン軍ニアジ司令官はインド軍に対して無条件降伏文書に署名し、パキスタンのヤヒヤ・カーン大統領は敗戦の責任をとり辞任した。

第二部　西アフリカ（リベリア）のクーデターと邦人保護

私は一九八〇年四月から八二年七月まで約二年三カ月間西アフリカのリベリア共和国の首都モンロビアにある大使館に勤務した。大使の次のポストで、官名は参事官だった。担当の経済技術協力関係のほか、在留邦人保護の仕事も引き受けた。住居はモンロビアにあったが、隣国シエラレオーネも管轄していたので、最低三カ月に一回の割合で、隣国の首都フリータウンに出張した。こんなわけで結構多忙であった。

まず、アフリカ勤務ではまず二人の子供（小六の長女と小五の長男）の教育が最大の心配ごとだった。現地には転勤前のミャンマーのような日本人学校がない。日本人は官民双方ともほとんど単身赴任していたが、大使のお嬢さんだけがインターナショナル（アメリカン）スクールに在籍していた。私達もその可能性を考えてみたが、子供達の英語力が問題で、はたしてついてゆけるか否かが心配だった。また、マラリア蚊の危険に曝したくないという理由もあった。

結局、ロンドン郊外の英国立教学園とよぶ全寮制施設（ここは小五から高三まで面倒を見てくれる）に預けることに何とか成功した。アフリカ・中近東・東欧各地の大使館や商社やメーカーなどの子弟からの入寮希望者が多かったので、私達のケースも待機児童リストに長く乗せられたままだったが、ミャンマーを出発する直前に学園校長が国際電話で、受け入れ承諾の朗報をもたらしてくれたので私達はラッキーだった。当時たまたま私の赴任先のリベリアでクーデターが起き、学園校長がそれを知り同情してくれたらしい。

このように読者はアフリカ勤務は現地に到着する前に取り組んでおかねばならないことが多いことを知ってほしい。また、現地政情が猫の目のように急変することが多いので、そのフォローも大事である。

次はマラリア等の疾病対策がある。これは結構厄介で、具体的には黄熱病、破傷風、コレラ、チフス等七種類の予防注射が要求される。しかも、各予防注射の間には一定の間隔を置かねばならない。黄熱病の注射については私が住んでいたヤンゴン（ラングーン）の病院には当時驚くなかれワクチンそのものがないと言われ、やむを得ず隣国タイまで一家四人で片道五〇分の航空機に乗り、バンコックに二泊して、辛うじて目的を達した。

特に、マラリア対策が最大の課題である。一応予防薬はあるのだが、同時に副作用もあるので注意が必要となる。マラリアは潜伏期間が一〇年以上だというので常に不安だった。私のアフリカ勤務は二年三カ月だったが、その間の最大の恐怖は戦争でもなく、強盗でもなく、実にマラリア蚊だった。私達はロンドン経由でアフリカへ向ったのだが、ロンドン出発前に英国製のマラリア予防薬「パルドリン」を求め、これを毎日服用した。これは私の前任者のアドバイスによるものだが、実は各個人によって予防薬の相性が異なるという厄介な事実があることを知らなかった。ロンドンで全寮生活を送ることになった二人の子供には副作用を警戒して飲ませなかった。当分の間、二人がアフリカに来ることはない。必要な時は私達が行けばよい。そういう判断だった。

マラリヤの媒体は「ハマダラ蚊」である。羽に黒い斑点があり、人の血を吸うときはお尻を持ち上げるという特徴がある。つまり、ヒップ・アップのスタイルだ。メスはお産や排卵を促すために動物のタンパク質を必要とする。このため、メスのみが動物や人間の血を吸う。源氏物語の若紫の巻にも「わらやみ」として触れられていたが、戦後の日本では悪名高い滋賀県彦根市のマラリヤ撲滅が成功した後、現在では完全に終息している。オスは樹皮の樹液を吸うだけだから無害だ。

マラリアに罹ると大変なことになる。まず、頭痛、嘔吐、下痢、四肢痛の症状が出る。一定間隔で発熱作用がある。悪感も伴い、体に震えが生じ、戦慄状態になる。種類としては一日おきに発熱する「三日熱」、二日おきに発熱する「四日熱」、不規則に発熱する悪性の「熱帯熱」がある。これに対して予防薬を服用すれば咬まれても罹病率は低くなる。問題は妻だった。胃弱だと称して、予防薬の服用を拒んだ。私が意を尽くして説得したが応じようとしなかった。

果たせるかな彼女は後日、そのツケを払わされることになった。最初は風邪気味の症状があり、風邪薬を飲んだが、間もなく、突然、マラリヤ特有の高熱が断続的に現れた。どうも様子がおかしいので、慌てて医師の診断を受けると、マラリアに罹っていると診断された。医師は大量のマラリア予防薬をドカッと一度に服用させ、これで治癒できた。

妻は私から見ると恥ずかしいながら、いささか合理性に欠けるのだ。後年、ジャマイカのキングストンに在勤していた時、彼女はデング熱に罹り、入院してしまった。デング熱は「熱帯シマ蚊」に刺されると罹る。高熱を発し、特有の頭痛に悩まされる。マラリアに比べて、生命の危険は少ないが、「目の奥が痛い」と感じる症状が特徴的だ。彼女は「頭の中に針が千本以上蠢いていて痛い」と訴えていた。このデング熱はアフリカにもある。「ハマダラ蚊」と異なり昼夜を問わず人を刺すので若い人がよく犠牲になる。

幸い妻のマラリヤは軽症で済んだが、予防薬を無視して、痛ましい犠牲となった実例も身近にあった。米国の平和部隊の隊員と韓国大使館の外交官である。前者は帰国したニューヨークで、後者は転勤先のローマで亡くなったという噂だった。これはマラリア汚染地域に入国する場合でも、また、同じ汚染地域から離れた後でも、六週間は同じ予防薬を飲み続けなければならないという鉄則があるのにこれを無視したためだった。人間性の弱点として、汚染地域に向かう場合は緊張して予防薬を飲むものだが、いざ離れる場合は開放感から飲まないためなのであろう。マラリア予防薬には色々な種類がある。戦前から戦中にかけて、日本帝国陸軍は南方地域での熱帯作戦上の必要から、当時の最高の予防薬「キニーネ」を大量に用意したが、戦後は新しい薬が続々と誕生した。

私は最初は既に触れたように英国製の「パルドリン」を毎日服用した。しかし、頭痛がするので相性が悪いのだと思い中止した。次に現地で米国人が多く使用している「ニバキン」や「クロロキン」を試飲してみた。一時はこれが私の体質に合うかと思われた。ところが、日本の新聞紙上で、これらの予防薬は効用はあるが、副作用として、網膜を犯し、遂には失明に至るかも知れないと報道されたので、急きょ中止した。最後に使ったのがスイス製の「ロッシュ」である。この製品が私と一番相性がよさそうに思われた。

他方、私は目に見えない副作用の進行に怯えて、連休や週末など外出する必要のない時はこの「ロッシュ」社の予防薬でもできるだけ飲まないように心がけた。予防薬を一時的にでも断つというアイデアはよいのだが、そのためには蚊に刺されないように最大限の努力をしなければならない。まず、家中の網戸を張り替え、寝室や食堂や居間やトイレなどの大事な部屋の壁を全部真っ白く塗り替えた。「ハマダラ蚊」は白い色を好まないからだ。白い壁だと黒っぽい色の蚊の止まる場所が一目瞭然で発見できる。エアゾール殺虫剤を部屋の隅々にスプレーし、また、日本製の蚊取り線香を至る所に置き、煙を立ち込めさせた。時には煙が立ち込め過ぎて、人間の方がむせかえった。ベッドの蚊帳も新調し、また、寝室のエアコンは二四時間つけっぱなしにしておいた。マラリア蚊は冷気の中では動けないので、効果的だった。摂氏一五度以下では活動できないらしい。また、扇風機の強い風が吹くと蚊は空中を飛べなくなるので、つけっぱなしにしておいた。

また、外出は極力避けた。服装も露出部分をごく少ないものにした。理由は不明だが「ハマダラ蚊」が人間を刺すのは膝から下だということらしい。やむを得ない時の服装には十分に注意した。妻は夜のパーティでは当然のごとくロングドレスを使用した。どうしても露出部分があるので、その部分はスキン・ガードなどの昆虫忌避剤を塗布した。

「ハマダラ蚊」は夕方五時頃から翌朝七時頃までしか活動しない習性がある。だから、テニスも蚊の出勤時間を考慮して、夕方四時以降は極力避けて、早朝に、また、できるだけ日中に、かなり暑くても我慢して、プレーをした。ゴルフは断念した。

こんな努力をしてもマラリヤ蚊の潜伏期間は一〇年を超えることもあるらしいので、どうしても不安は拭えない。帰国後も一抹の不安がつきまとったが、現在に至るまで二〇年以上を経過しているので、やっと安心できる段階に達したものと思い込むことにしている。

このマラリア蚊対策については在留邦人に対して、色々な機会に警告を発して、周知しているので、事なきを得ていたが、私の任期末に某農業専門家が急性マラリアに罹り、入院の手配をしたことがあった。この時は平素昵懇にしていた医師に対し、私からの電話一本で万事スムーズに入院でき、かつ、数日後には治癒して退院できたので幸いだった。

アフリカでの生活は初めてだったので、戸惑うことが多かった。特に、日本人にとってアフリカはまさに「外国」というより「異国」とよぶ方が正しかった。特に、リベリアでは若い陸軍下士官がクーデターを成功させ、権力を掌握したので、治安関係は問題が多かった。米国大使館では海兵隊が派遣されており、いざという場合の特別機が常時待機していたので、全然安全面での問題はなかったが、日本側はとてもそんな真似はできない。従って、できることと言えば日本人会のメンバー相互間の情報交換を密にして、その都度問題を解決するしかなかった。

例えば、クーデター直後、ある日本人専門家が突然、リベリア兵から問答無用で私用車を取られるという事件が起きた。この理不尽な蛮行に対して、大使館は具体的には何もできなかった。これは日本政府がクーデター後のリベリア新政府を承認していない段階での事件なので、国際法上、リベリア外務省との接触ができず、外交的な抗議や行動ができないという事情があったからだ。したがって、奇妙なことだが、政府承認が遅れ、国際法的には大使館には在留邦人に対する外交的保護権を発動できない状態にあったのだ。

しかし、現実の問題は現実的に解決しなければならない。日本人の専門家が市内をドライブ中の自分の車を目撃して、その情報を入手した館員が、その車を追跡して、ついに兵舎内まで辿り着き、物理的に奪い返したという美挙があった。銃を持ったアフリカ兵に対し、よくぞそんなことができたものと、驚くやら呆れるやらのことだった。この武勇伝では車を取り戻せた日本人は喜んだが、勿論、徒手空拳の館員がそんな無謀な、無茶な行為をすることまでは本来、期待されてはいない。これもアフリカならではの珍事と言ってよいだろう。

また、ある日本人夫妻が夜半に突然私達の家を訪ねて、とんでもない事態を報告してきた。夫妻はODA（政府開発援助）関係の仕事をしており、私もよく知っている人物だった。いままで、長年、アジア各地でODA関係の仕事に従事してきていたので、海外生活にはよく慣れていたが、さすがに驚くべき内容だった。

何でも、彼等の家に水道公社から通知があり、先月の水道代として五万米ドルを請求する内容だったというのである。請求書を見せてもらうと確かにそのような趣旨である。しかも、一週間以内に支払わないと給水停止の措置をとると警告している。彼等は余りにも理不尽な内容なので激怒し、興奮してアフリカの悪口をまくし立てた。誰にも相談できないので、とりあえず我が家のドアを叩いたらしい。夫人は英国籍の白人で髪を振り乱してもうヒステリックになっている。

「我が家にプールがあるわけではあるまいし、全く滅茶苦茶ですよ。たとえ、オリンピックサイズのプールがあったとしてもこんな出鱈目な請求書は作れないと思います。米国がリベリア政府のお役人をしっかりと教育しないで、簡単に独立させるからこんなつまらない問題が起きるのです」

ここで、リベリアの独立の部分についてちょっと触れておきたい。米国の南北戦争が終わった頃、米国本土には解放奴隷等の人口が二〇万人に達していた。当時、米国の福音教会は法的には解放されても経済的には依然悲惨な境遇にあった奴隷を救うためには、彼等をアフリカのルーツに送還するのが最善と信じて具体的な行動を開始した。米国植民協会は米国政府の協力を得ながら西アフリカの穀物海岸一帯の酋長と土地売買の交渉をし、成功した。そして、ついに一八四七年、リベリアの独立が宣言された。明治維新に遡ること二一年前の弘化四年、つまり、孝明天皇および第一二代将軍徳川家慶の時代にあたる。リベリアは黒人共和国でアフリカ五四カ国のうち、エチオピアを除き、最も古い国で、アフリカ最初の共和国の誕生である。解放された米国の黒人奴隷は続々とこの誕生したばかりの新生国家リベリア（「自由の国」の意味）をめざして移住し、今日に至っている。現在は日本の面積の約三分の一の国土に人口約四〇〇万人弱が生活している。

さて、私達は凄い形相の夫妻の興奮を抑えるため、まず、貴重品のブルーマウンティン・コーヒーを差し上げた。

「いずれにせよ、現実の問題は問題として知恵を出し合って解決しましょうよ」

まず近所に住むドイツ人水道顧問と相談して、水道公社総裁とのアポを取りつけた。水道顧問の好意で、翌日、総裁に会うことができた。私は日本人専門家を同伴したが、英国籍の夫人の同伴は拒否した。彼女が過剰に興奮することを恐れたからである。発展途上国ではこんなささやかな事件でも、時には組織のトップにアプローチしないと埒が明かないことがある。したがって、人間関係が大事なのだ。総裁はインド系で肥満体だった。私達が日本人だと知り、愛想はよかった。

「我々はコンピューターで処理しているから請求書の内容に間違いがある筈がない」

当初、総裁はそう豪語していたが、私達があの手この手と執拗に再調査を頼むものだから最後は根負けした。結局、総裁は技術部門の責任者に連絡して、特命で調査させた結果、単純なコンピューター・ミスであることが判明し、請求額は当初の額の百分の一に相当する五〇〇米ドルに減額となった。しかし、このミスに対し、総裁は謝罪しなかった。あたかもコンピューターという機械の誤作動ということにしてしまった。

途上国ではこうした日常生活の瑣事でパニックになることが少なくない。現実には瑣事どころか生活の維持に直結する重大問題であることが少なくない。

法外な電気代請求問題が無事解決してから数週間後、今度は我が家に災難が降りかかってきた。私が出勤中に事件が起こった。妻が家事をしていると裏庭の方で何かゴソゴソする音を聞いた。彼女は何事かと裏庭が見通せるベランダに出て、様子を覗った。すると電柱の上にお猿さんのようなものが蠢いている。よく見ると兵隊さんだった。クーデター後は兵隊服を着ている職員が多い。電力公社のエンジニアらしく、何と一人が鎌のような鋏を振りまわしている。妻はびっくりして、嫌な予感がして声をかけようとした。

アッ！という間もなく、エンジニアは我が家につながる電線をプツンと切断してしまった。その瞬間、家中の電燈やTVが消え、エアコンがストップし、使用中の電気洗濯機やドライヤーも機能を停止した。先に紹介した水道公社は給水停止の予告をしてくれたが、我が家に場合は予告なしの送電線カットという暴挙である。問答無用の野蛮行為に妻は反狂乱となって抗議したが、まるで埒が明かない。エンジニア・グループのボスが妻に対して呟いた言葉は唖然とするものだった。

「マダム。済みません。本部の指令なものですから」

妻は至急私に連絡を取りたかったが、そもそも電話が通じない。私の在勤中の二年三カ月間で電話は一度も通じなかった。携帯は勿論なかった時代だ。彼女は道路に出て、タクシーを呼び止め、私の事務所まで辿りついた。これでやっと我が家に発生した深刻な事態が明らかになった。この問題の解決にも私は苦労した。送電戦のカットは家主が前に電気代を未払いだったことが原因だった。私は早速家主に連絡してクレームを出した。家主は直ぐ支払いますと答えたが、これは安請け合いであることが直ぐ分かった。再び彼の事務所に行くと米国に移住してしまったということが分かり唖然とした。結局、私は次の月の家賃を彼の代理人には送らずに、電力公社総裁に送り、こうやって問題を解決した。アフリカではこんな単純な問題でも大変なエネルギーと時間と知恵が必要だという具体例として紹介しておきたい。

この問題も、既に述べたように私が電力公社総裁に会い、交渉した結果、解決したのだが、数日間はエアコンなしの生活だったので、炎暑のアフリカの生活なので身心ともに非常に消耗した。

外国生活、特にアフリカなど途上国では今日の日本人にとって信じられないことが頻繁に起こる。しかし、泣きわめいても問題は決して解決しない。経験豊富な領事や前任者などと常時接触して、生活の知恵を磨くことが肝腎で、他に妙案はないだろう。

第三部　パラグアイのクーデターと邦人の安全

世界には何故だか分からないが、不思議な魅力を湛えた国がある。〝南米の臍〟に位置するパラグアイはそんな国である。この国への日系人移住者（現在約七〇〇〇人強）は真面目かつ勤勉なので、パラグアイ人の官民何れにも評判がよい。

私は一九八八年秋、首都アスンシオンに初めて着いた時、紫色のジャカランダやラパッチョ桜の美しさにまず心を奪われた。しかし、やがて日本と同じ運命を辿り、日本とよく似た悲劇の歴史を知り、また、温かい人情に触れて行くうちに私はさらにこの国の虜になった。いわゆる〝三国戦争〟で人口の八割と国土の五割を失ったパラグアイの悲話にはわが事のように胸を痛めた。

この国には三年三カ月滞在した。その間、当時世界一と言ってもよい親日家の故ストロエスネル大統領に親しく接して感動したものだが、その後、直面したクーデターの只中で恐ろしい体験もした。幸い在留邦人や日系移住者に対しては何の不祥事も起こらなかったのは誠に不幸中の幸いだったという。

パラグアイは日本から見ると地球の反対側にある。夏は一二月頃から始まり、二月頃が盛夏となる。真夏は摂氏四〇度になることもある。炎暑を振り払うためか、南米各地のカーニバルはこの時期に集中する。リオのカーニバルは余りにも有名だが、パラグアイでも毎年首都アスンシオンと第二の都市エンカルナシオンでカーニバルが行われる。エンカルナシオンは首都から約三〇〇キロの距離で、自動車で約五時間はかかる。ストロエスネル大統領の故郷としてもよく知られている。パラナ川を挟み、対岸はアルゼンチンのポサーダス市で、一帯には両国にまたがり、日系移住者が多い。

私は二月上旬のエンカルナシオン市のカーニバルを見にゆくことにした。伝統的にこちらの方が首都に比べて、規模が大掛かりで、より華やかで、人気が高いと聞いたからである。一九八九年のエンカルナシオン・カーニバルは二月三日から三日間にわたって行われることになっていた。三日は三連休の初日なので、多くのパラグアイ人が同市を目指していた。その前夜、すなわち、二月二日は木曜日だった。木曜日の夜は大使公邸で宴会があり、私達夫妻とN書記官が陪席していた。ゲストは日本から来訪した民間投資関連の調査団で、賑やかな談笑が続いた。夜一〇時半過ぎには終わり、ゲストも引き揚げたので、私達も車で家路についた。深夜になると大陸性気候のせいで、昼間の炎暑が急降下し、嘘のように涼しくなる。三連休のせいか、市民の誰もがウキウキして見えた。カーニバル気分らしく、派手なサンバに混じって花火の炸裂音が耳に飛び込んできた。自宅が見えてきた。

「いやに騒々しいな？」

私は妻にそう呟いた。通常の花火だと爆発音はおっとりしている。しかし、何故か今夜の花火はもっと鋭い音だ。音と音の間が短い。連続的な速射音だ。私は自宅に入ると、着替えもせず、直ぐテレビのスイッチを入れた。何か胸騒ぎがしたからだった。これは職業的な習慣で、「カン」だったのだろう。当時国営TVはなく、民放TVが二局あった。

時計を見るとそろそろ夜一一時のニュース・アワーが近づいていた。しかし、ニュース番組はまだ始まらず、直前のソープ・ショウが終わりに近づいていた。ところが、突然、TV画面がプツンと消えてしまった。

「停電？　TVの故障？」

あたりを見回してもそんな気配はない。

「奇妙なことがあるものだな？」

私はブツブツ独り言を言いながら、もう一つのチャネルに切り替えてみた。こちらではタンゴの演奏とそれに合わせて、可愛い踊り子数人が肢体をくねらせている。しかし、この番組も一一時のニュース・アワーを過ぎても放映がない。訝しく思っていると、やがてこの局も突然プツンとTV画面が消えてしまった。

「これはおかしい。何か異変が起こったに違いない！」

その直後、大使館の筆頭クラークの田中氏より電話が入った。

「クーデターだと思います！」

「やはり、そうでしたか！」

「以上とりあえず。また、追加情報を送ります！」

「よろしく、ありがとう」

田中氏の簡潔な、しかし、仰天するような報告に接しても、私は覚悟していたので動揺はしなかった。すでに、奇妙な騒音が聞こえていた。花火とは異質の炸裂音で、遥かに大きな音だった。実はそれは戦車砲の砲弾の炸裂音だった。耳を澄ませると、戦車砲弾に混じって、小銃や機関銃の音らしきものも聞こえた。時計を見ると、すでに夜一一時半を廻っていた。炸裂音や銃撃音は大統領府方面からだ。自宅より自動車で一〇分の距離だ。さらに、重々しい迫撃砲の音が地響きを上げている。その度に、内臓が左右前後に揺さぶられる感じがした。決して気持ちがよいものではない。妻は砲撃の地響きは初めての経験だったので、ややパニック状態となった。私は戦前の経験があったので、妻を励ます立場だった。当時二人の子供は日本で就学していた。

まず、私は大使に電話をした。その結果、東京の外務本省に国際電話をかけて、第一報を報告した。これが驚くなかれ、幸い、直ぐ繋がったのである。国際電話がまだ通じていたのが全く不思議で、奇蹟に思われた。通常、クーデター首謀者は外界との接触を切断するため、まず、TV、電信電話、空港、国境等を封鎖するのが常識だからである。この第一報が東京の外務本省にどこよりも早く入ったのは不幸中の幸いで、後刻大いに感謝された。

次に諸情勢を分析してみると、戦車数台や反乱軍将兵が大統領付近一帯を占拠中なので、大統領府に近い大使館事務所には危険で近づけないことが判明した。したがって、情勢がもう少し沈静化するまでは外出は控えるべきだと判断された。これが大使の判断で、私もこれに同意し、ただちに、商社、JICA関係者等在留邦人、日系移住者に連絡の上、当分の間、自宅待機するようにと要請した。この時ほど「連絡網」の有難さを噛みしめたことはない。また、国内の電話サービスに故障がなかったことが幸いした。従来から日本政府はパラグアイの公営電話局に多大のODAや技術協力を提供してきたが、この成果が、この夜は大いに役に立ったわけである。

ではこの命綱のような「連絡網」はどうして作られるのか？　旅券法一六条は外国に三カ月間以上滞在する予定の日本人は最寄りの大使館か総領事館へ「在留届」を提出しなければならない（ただし、違反者に対する罰則規定はない）と規定している。この「在留届」の提出が「連絡網」作成の基礎となっているのだ。それが役に立つのはまさに、こんな戦争や内乱（クーデターなど）や天災（地震・津波・ハリケーン等）の場合なのだ。従って、すべての日本国籍者はもし三カ月以上滞在する時はこの提出を励行する必要がある。大使館や総領事館としては通常の外交的保護権のほか、緊急事態に際して、行動する場合は必ずこの届をチェックしてから行動に移ることを銘記して欲しい。

この時の「クーデター劇」の最中は色々なドラマやエピソードを生んだが、長きにわたるので、ここでは割愛することにしよう。とにかく、在留邦人や日系移住者が、海外青年協力隊員一人を除き、全員無事で、被害が皆無だったので嬉しかった。また、日系人会会長からも私に電話で、政権が軍事的に行われたとしても対日関係にはほとんど影響はないと思うとのコメントがあり、これは情勢分析上大いに参考となった。

ただ、既に述べたように海外青年協力隊員一人の行方が一時不明となり、ひどく心配したが、翌朝になって、ＪＩＣＡ所長から全員無事との報告があり、ホッと安堵した。在外公館の最大の任務が在留邦人の保護にある以上、今回のクーデターのような突発的な政情混乱に巻き込まれて、思いがけない犠牲者が出ることが最も憂慮されたのである。

幸い、首都市内の電話は終始ほぼ正常に機能していたので、「連絡網」や「在留届」をベースに在留邦人三五〇人の安全確保に役立った。また、日系移住者七〇〇〇人のうち、一〇〇〇人が首都に居住していた。また、この他、旅行者や短期出張者が市内ホテル等に滞在していることが判明したが、全員無事だった。

他方、国際電話が不通とならなかったので、東京の外務本省は勿論のこと、そのほか、リオやサンパウロやメキシコに駐在する邦人特派員からの電話洪水に見舞われた。その際、奇妙な現象を体験した。それはクーデターの渦中にある私達よりも、時々、東京やワシントンの方が何故か新鮮な情報を得ていることである。ＣＮＮ／ＴＶ等の活躍のせいだろうか？　今でも不思議に思う。ただ、反政府の立場をとるカトリック系の「ラジオ・カリタス」の存在が注目に値すると思った。このラジオ局が断続的ながらクーデターの最後まで戦況を正確に報道し続けた。私も自宅でこのラジオに耳を傾けた。

私は二月三日金曜日午前七時の時点で、もしかすると内乱に発展するかもしれない、という私の憂慮は消えかかっていた。それは陸軍は勿論のこと空軍や海軍もこの決起集団の行動に支持を表明していたからである。何よりも内乱や内戦に発展しなくて良かった。もし、そうなれば在留邦人の脱出や救出作戦を実行しなければならない。気の遠くなるような作業だ。実はそのシナリオは大体考えていたのだが、ここでは省略しよう。

私は意を決して、自分で私用車を運転して、大使館に向かった。大使館事務所と大使公邸は同じ敷地内にある。私（大使館で次席の参事官）は大使と相談の上、情勢はほぼ安全だとの判断をして、電信官等他の館員に連絡して可能な限り、事務所に集合するように要請した。その後、館員の中の有志を募って館用車で約九〇分間にわたり、大統領官邸等を中心に市内の視察を行った。その時の銃弾や砲弾で崩壊した建物の残骸などの強烈な印象は数十年後の今日でも私の記憶に鮮明に残っている。市民が大勢出ていて、狂喜している。あちこちで誰かがクーデター支持の演説を熱っぽくまくし立て、群衆がこれに大拍手を浴びせている。

「クーデターはパラグアイ国民に支持されていると見て間違いないだろう」

私はそんな印象を抱いた。この視察ドライブで市民の明るい表情を見て、クーデターの成功を確信したが、同時に、スーパーマーケットには主婦が懸命に買い物に必死だったことが興味深かった。長期の内戦にでもなったら大変だという現実主義の主婦の知恵なのであろう。妻は私に「一週間分の備蓄でほんとに大丈夫かしら？」と尋ねてきたので、心配無用と答えておいたが、正直のところ、一抹の不安は残った。

一九八九年二月三日午後五時、ロドリゲス将軍は暫定大統領就任を宣言した。ロドリゲスは就任式で力強く述べた。

「私は民主主義の回復のために全力を尽くします」

この言葉通り実行されればパラグアイは軍事独裁政権から民主化路線に向けて、あたらしい局面を迎えることになる。また、暫定大統領は報道の自由が如何に大事か、情報の公開こそが民主主義の大前提であることを強調した。

ロドリゲス大統領の新政権は発足と同時に首都アスンシオンに駐在の各国大使館に対し、新政権発足の事実を通告する内容の公文書を発出した。これにより日本を含む各国政府はロドリゲスを首班とする新政府を認めるかどうかの判断、すなわち、国際法上の新政府の承認問題が当面の外交課題となった。

日本を含む各国政府はロドリゲス新政権がパラグアイ全土をほぼ完全に掌握していること、すなわち、国際法上の実効的支配が確立していること、並びに国際責務を尊重する旨を明らかにしていることを評価して、次々とロドリゲス新政府を承認した。

まず、パラグアイのお隣の大国アルゼンチンが二月八日に正式に承認した。日本は二月一四日に承認した。他の諸国も相次いで承認した。ただ、ベネズエラはパラグアイの民主化にはまだ疑問があるとの理由で、暫く承認を見合せていたが、二月末に至り、やっと承認した。こうして、ロドリゲス新政府は世界各国から承認され、国際社会で、晴れて正式な外交活動が可能となったのである。

ここで、クーデターの背景について一寸触れておきたい。クーデター勃発まで、ストロエスネル大統領の三五年間の栄光は今後も永遠に続くかと思われた。しかし、ストロエスネル政権の一見目覚ましい経済発展の裏には暗い影が忍び寄っていた。長年の貿易黒字が赤字となった。国民の生活水準は統計操作の魔術で経済指標が示すほどには改善されていなかった。貧富の格差も政府宣伝ほどには解消していなかった。大統領は長年最高権力者として君臨するうちに「国民の声」が耳に届かなくなった。また、大統領を取り巻くいわゆるパラグアイ版「四人組」がシロアリとして汚職や腐敗の限りを尽くした。大統領を真底から崇拝し、その楯となっていたロドリゲス将軍（陸軍第一軍管区司令官兼参謀総長）が邪魔だと考えた「四人組」が将軍を大統領の権威の下で左遷しようと策略した。これに猛反発した将軍が皮肉にもクーデター実行の中心人物となったのである。

最後にパラグアイにおける「土地なき農民」問題について触れておきたい。これは主として日系農業移民の生活そのものを脅かしかねない問題を孕んでいるからである。

ロドリゲス新大統領の発足後、零細農民により不在地主の農地への不法侵入が頻発した。これはいわゆる「解放の神学」を信奉する左翼系牧師の影響を受けた各地の零細農民が外国人所有の農地八〇カ所に不法侵入し、かつ不法占拠を続けたという事件である。

前大統領時代は治安維持が厳しかったので、こんな不法事件は起こらなかったのだが、民主化の世の中になり、万事にコントロールが緩むとこんな不祥事件が起こってしまう。左翼系牧師が教会の説教などで、不在地主の土地を土地無き農民が占拠して、農耕をしても神はお許し給う、というような挑発的な言葉を弄するので、無知無学の土地無き農民は良心の呵責もなく、他人の不在地主の土地に不法侵入してしまうという前代未聞の現象が起こる。これは法治国家とはとてもいえず、まるで革命運動に等しい。

日系人移住者もその影響を受けた。パラグアイ東部のイグアス村の日系人移住予定地の一カ所も不法占拠された。私はＪＩＣＡ（国際協力事業団）事務所や日本人会会長と協力して、その対策にあたった。実はＪＩＣＡが将来の日系移住者のために、広大な農耕用土地を購入し、二世、三世が独立し、その土地購入を申請した際は払い下げるという長期展望に立って維持してきた未耕地なのである。

私は何か現実的な処方箋を用意しなければならない、と考え、現地を視察し、イグアス日本人会の会員と意見交換し、要望を聴取した。その後、先ずはパラグアイ外務省の幹部に会い、実情を説明の上、善処を要請した。しかし、こんな外交ルートでは全然埒が明かなかった。そこで、私は顔見知りのロドリゲス大統領の懐刀で、陸軍の実力者のオビエド大佐に会見を申し込み、日系移住者の苦衷を切々と訴えた。できれば軍の力で不法農民を追いだしてほしいと陳情した。

幸い、同大佐は若い頃から日系移住者の苦難の道をよく承知しており、尊敬さえしてくれた。今回の問題に直面した日本側の困難にひどく同情してくれた。そして、早速、翌週には部下の将兵二〇〇人を動員して、イグアスの現地に派遣し、不法農民を実力で排除してくれた。

この事件はいわゆる日本人旅行者が通常経験する問題とは性質が異なる。しかし、長期滞在する日本人または日系人にとってはこんな日本では想定外の事件と遭遇することもあることを銘記して欲しい。その場合もいたずらに悲嘆にくれるのではなく、大使館または総領事館に赴き、よく相談することが肝要だと思う。

第四部　ミャンマーの宝石売買をめぐる裁判

ミャンマー（旧ビルマ）は不思議な国だ。日本では竹山道雄作『ビルマの竪琴』と市川昆監督の映画化でよく知られている。恐らく、世界有数の親日国であろう。神秘的な国で、資源が豊富で恵まれた国なのだが、社会主義体制の国で意外に問題も多い。

最近ではノーベル平和賞受賞者として国際的に有名なアウンサンスーチー女史（野党NLD党首・独立の志士アウンサン将軍の長女）の訪日などで、ミャンマーの動静がマスコミに大きく報道された。その直前に安倍総理も同国を公式訪問している。日本企業の進出も急増し、観光客も増えている。本題に入る前に、神秘の国のミャンマーのお国柄をよく理解するために基礎的知識を紹介しておきたい。

まず、長い間、ミャンマーは軍事政権に支配され、鎖国体制を敷いていた。まるでタイとバングラデシュの間でひっそりと眠っていたかのような印象を与える。国の形はお玉杓子型であるが、実は面積が日本の一・八倍もある大国である。北は中国雲南省で、南は海でベンガル湾に面している。

北にはヒマラヤ山脈が、また、西にはアラカン山脈が数千メートルもの屛風のように立ちはだかっていて、人跡未踏の密林地帯をつくりあげている。内陸の平野はイラワジ大河等が急流をつくり、世界でも稀有の多雨地帯となっている。五月中旬から半年間は年間ベースで五〇〇〇ミリ以上の雨量を記録している。日本の平均雨量が二〇〇〇ミリであることを考えれば如何に恐ろしいかがすぐ分かる。二〇〇八年五月、ミャンマー西部に大型サイクロンが上陸し、大きな被害をもたらした（死者八万、負傷者二万、行方不明者六万と推計）。

人口は現在六三〇〇万で、民族が一三五種もある。全体の約六割強を占めるビルマ族が、国の中央部に住み、後は少数民族が国境地帯に棲み分けている。国民の九割が仏教（小乗仏教）を信じているが、西部のカチン族やチン族は精霊崇拝で、またカレン族はキリスト教が多い。少数民族は高度の自治権を求めて、政府軍との戦火が絶えないが、最近では幸い融和ムードが強くなっている。

ミャンマーの歴史も複雑だ。歴史に登場してきたのは一一世紀初頭で、チベット方面から移動してきたビルマ族やモン族等で、各部族が各地に割拠していた。間もなく、一〇五七年にパガン王朝が国内統一に成功したが、一二八七年の蒙古軍の侵略後、衰退し、崩壊した。次いで、タウングー王朝やコンバウン王朝が続いたが、やがてインドを支配する英国と衝突し、三次にわたる戦争の後敗北し、一八八六年、英国の植民地となった。

二〇世紀に入ってから、ビルマでは民族主義運動が高まり、次第に反英・反植民地主義が鮮明となり、アウンサン等を指導者とする独立運動が高まり、太平洋戦争勃発直前の一九四一年に日本はミャンマー独立を支援するため「南機関」を結成し、アウンサン等いわゆる「独立の志士」を日本に呼び軍事訓練を行い、また、独立義勇軍を誕生させ、一九四三年八月、日本軍占領下で、アウンサン将軍等がミャンマーの独立宣言を行った。さらに、日本が戦争末期に劣勢になってきた時点で、抗日蜂起があった。戦後の一九四八年一月四日に英国より独立を達成した。しかし、その半年前にアウンサン将軍は不幸にも暗殺されてしまった。

独立後はウー・ヌー時代（議会制民主主義時代）、ネ・ウイン時代（一党制社会主義時代）、軍事政権時代（一九八八年軍部クーデター・一九九〇年の総選挙）を経て、二〇一〇年、新憲法に基づき二十年ぶりの総選挙を実施し、翌二〇一一年三月三十日、新政府が発足し、民政移管が実現した。新大統領はテイン・セイン元首相（元大将）で、民主化を真剣に目指している人物である。選挙にはアウン・サン・スー・チー女史率いる国民民主連盟（ＮＬＤ）も参加し、議会に進出した。なお、この総選挙実現に至るまでは民主化を要求して決起した学生や僧侶やアウン・サン・スー・チー女史のグループを軍政当局が弾圧し、しばしば流血の惨事を生んだ。二〇〇七年、全国的な僧侶の反政府デモが発生し、治安当局の制圧で、邦人一人（写真家長井氏）を含む多数の死傷者が発生した。

本来、ミャンマーは豊かな資源国である。特に米など農業はＧＤＰの半分以上を占め、この他、銅、石油、天然ガス、チーク材、宝石類等の他、豊かな観光資源に恵まれている。ただし、四半世紀におよぶ軍事政権による閉鎖的な社会主義体制が経済不振を招き、長い間、国民は最貧国の生活水準に喘いできた。しかし、今後は新大統領やアウン・サン・スー・チー等の指導のもとで自由化、グローバル化の波に乗り、大いに発展してゆくものと期待されている。特に観光資源は極めて有望で、既にタイ、シンガポール、マレーシア、インドネシア等の資本が投下されつつある。

私がミャンマーに着任したのは前期の軍事政権の真っ只中の時代であった。一九七八年三月、当時の首都ラングーン（現在はヤンゴンと改称、さらに二〇〇六年三月より三百キロ北のネーピードーに遷都した）の大使館に駐在し、一九八〇年四月に離任した。

すでに日本人観光客も増えつつあったが、特に元日本兵として生き残った高齢者や遺族達の戦跡訪問団や慰霊巡拝団の来訪が多くみられた。元日本兵達は各地で慰霊碑を建立し、墓守りに謝礼をしたりしたが、多くが地方の僻地が多かったので、稀ではあるが病気や怪我を蒙るケースも見られた。

また、ミャンマーのような社会主義国特有の問題として、外貨申告上のトラブルが絶えなかった。ミャンマーの為替は、自国通貨チャット（ＫＹＡＴ）をＳＤＲにリンクさせる方式を採用し、これは一米ドル＝六チャット前後で推移していた。しかし、このレートは現実と乖離した非現実的な公定為替レートなので、ここに闇ドルの横行を生むこととなった。米ドルに対するチャットの交換レートは公定と実勢との間に大きな乖離が存在する二重為替制度となっている。

一九九八年度末の対米ドル交換レートは公定の六チャットに対して、実勢では約三四〇チャットとなっている。これは実に五七分の一のギャップである。

こんな非現実的なギャップは基本的には外貨不足、対外支払い債務の不履行などに起因する問題なのだが、その結果、個々の外国人観光客は軒並みに不正外貨の所持や使用を理由に逮捕され、罰金や出国停止などの措置を課せられ、パニックになっている。

外国人旅行客は入国する際、「外貨申告書」の提出を義務付けられている。具体的には例えば「一〇〇〇米ドル」を所持していると申告すると、この外貨は正規の場所で外貨両替をしなければならない。仮にホテルで宿泊料金五〇〇米ドル、国営ドルショップ（正規のお土産店）で三〇〇米ドルを両替して使ったと仮定すると、その都度「外貨申告書」に記入されなければならない。外貨両替毎に当初の申請額より使用額を控除して、残高が明記される。

さて、その旅行客が出国する際、空港の出国係官に残高外貨の実物を提示しなければならない。この提示額が申告書の残高（二〇〇米ドル）より少ないとすると（例えば一〇〇米ドル）、その理由の説明を求められる。その説明が納得ゆくものでないと、出国係官はこれを不正両替を行った行為（このケースでは一〇〇米ドル）と見なして、出国停止処分として、同時に逮捕してしまう。出国管理の係官の立場からすると、当該の外国人旅行客が闇米ドルの両替（このケースでは一〇〇米ドル）を不正に行ったと見なすのである。不足分の外貨をどこで不正使用したかが具体的に調査されることになる。このルールは貴金属類の指輪やネックレースや腕輪の場合にも適用される。また、世界的に有名なビルマ産ルビーやサファイアや翡翠にも適用される制度となっている。

未申告の外貨を使って、貴金属を購入する外国人客は時々空港で逮捕されている。政府当局の厳しい指示もあり、ビルマの貴金属商は該当する外国人客の名前や旅券番号を当局に通報しなければならない。この密告が奨励され、政府から報奨金も出されているというから驚きである。貴金属商も性質が悪い。商品を売る時はニコニコしながら、後から平気で当局に密告する訳だから始末が悪い。空港では逮捕された外国人客が所持していた貴金属は当然没収されてしまう。空港ではいったん容疑がかけられると別室で徹底的な検査が行われる。女性の場合は女性係官が別室で検査する。場合により真っ裸にされるらしい。

こんな徹底した外貨申告制度は世界中どこに行ってもあるまいと思う。ただ、同じような制度を持つ国は案外多いのだろうが、実施段階でビルマのように容赦ない、手荒な扱いをする国は皆無だろう。旧ソ連でも、また、キューバでも同じ制度があったが、残高の外貨を提示せよ、などとの要求はなかった。ただ、同じ社会主義国で外貨申告を厳しく要求するスリランカ空港では私はかなり緊張したが、ビルマの経験があるので、注意深く行動して、この国のキャッツアイなどの貴金属の店には一切近づかなかった。

ある日、ミャンマーのミンガラドン国際空港から日本人二人が逮捕されたとの通報があったので、私は早速駆けつけた。すると六〇代と三〇代の日本人男性の二人が案内された特別取調室でうなだれている姿を発見した。事情を聞くと市内の宝石店でビルマ・ルビーを不正に購入したということだった。宝石店の店主に大丈夫だとおだてられて、つい買ってしまったらしい。私は空港責任者と交渉してみたが埒が明かなかった。

結局、外国為替法違反の廉で裁判沙汰となった。私は大使館顧問弁護士ウー・チェン・ポ氏と相談して、彼に弁護を依頼することにした。裁判手続きは結構面倒で開廷そのものに時間がかかった。その間二人はヤンゴン郊外のインセイン刑務所に拘置された。私は毎週一回は面会に行き、時々差し入れをした。食糧の他、週刊誌等書籍等もお届けした。食べ物が味や量で満足できず苦しんでいたので、二人は私の努力を感謝してくれた。

やっと開廷され、裁判長から一カ月間の禁固刑の判決があった。二人は同じ刑務所にそのまま拘置されることとなった。私は引き続き面会を続け、また、差し入れを実行した。実は日常の館務に加えて、毎週、刑務所まで行くのは辛かったが、二人の心情を思うと何でもなかった。

差し入れが役に立ったのか、釈放まで何とか健康を維持してくれたことは幸いだった。刑期を終えた二人がそのタイミングに合わせて来訪した日本の家族と涙の再会を果たし、無事帰国の途についた時は私も嬉しかった。

これに似た宝石事件は在留商社の駐在員にもあり、また、他の邦人旅行者にもあったが闇から闇に葬られた事件もあった。昔の金貨の蒐集のため、来訪し、警察から追跡されて私の家に逃げ込んできた青年もいた。

こんな話題はヤンゴンに駐在する各国外交官の間ではパーティ毎に話題となり、他の国の領事担当者の悩みの種でもあることが分かり、彼等の対策も参考になった。対策といっても特別に秘訣があるわけではなく、要は自国民旅行者や駐在員に対するブリーフ、教育しかないことも明らかだった。外交的保護権といっても、相手国（つまりミャンマー）の国内法に違反していることが「外貨申告書」などで明らかとなればどうしようもないのである。

また、ミャンマー政府のお役人は陰湿で、結構悪知恵があるので始末に負えない。私の個人の住宅の電話にも盗聴がしばしば行われていた。盗聴が始まった時は電話の通話の音量が一段と下がるので直ぐ分かる。あるパーティで、日本語が流暢なミャンマー政府の幹部が、日本人が闇の外貨に関係していることを特別な手段で察知しているのだ、と豪語した時は驚いた。これは盗聴の事実を間接的に認めていることなのだ。私達は肝腎な話は私宅ではせず、大使館内とかゴルフ場でとかで行って、敵の裏をかくことにしていた。私達日本人はミャンマー人のお手伝いや運転手が常時数人は雇っているので、政府のエージェントが使用人に対して内偵をしていたことは容易に想像できる。

今ではもう改善されていると思うが、私が在勤していた頃は自宅でダンスをすることは禁じられていた。ただし、外交官の私宅はその例外とされていたので（これは国際法上の治外法権の措置）、我が家で時々ダンスパーティを催すとほとんどのミャンマー人が出席してくれた。こんな風に私がいた当時のミャンマーは厳しい、閉鎖的な社会主義体制の下にあったので、何かにつけて息苦しく、市民はひたすら自由にあこがれ、日本や欧米の社会と同じ社会の到来を待ちわびていた。外国留学もミャンマー人の場合はかなり高額の保証金を出国に際して預託しなければならない。これはミャンマー人留学生がそのまま亡命してしまうことを防止するための措置で、帰国すれば全額還付してくれる。

以上からミャンマーの魅力は色褪せてしまうかもしれない。しかし、冒頭に触れたように不思議な桃源郷と言ってもよい。清く貧しく美しく、という言葉がぴったりのお国柄なのだ。これはミャンマー人に共通する慈悲心に満ちた国民性の現れである。ミャンマー中部のパガン遺跡はカンボジアのアンコールワットやインドネシアのボロブドールとともに世界三大仏跡の一つで、その広大な遺跡群は誠に圧巻で、今日世界遺産に登録されている。

また、太平洋戦争では英軍を追放した後に日本陸軍がビルマ独立軍（司令官がアウンサン将軍）とともにインドとの国境地帯を目指してインパール作戦（参加将兵一八万で、うち七万が戦死している）を発動して、大失敗をしたことはよく知られている史実だが、この無謀な戦いの生き残りの元日本軍将兵やその遺族達の訪問者が多いことは既に述べたとおりである。

また、元日本兵としてミャンマーに残留した人も若干おり、日本にはミャンマー国籍の留学生や亡命者等が六〇〇〇人以上もいる。在留邦人は七〇〇〇人弱であるが、最近、日本とミャンマー間の関係が急速に進展しており、今後はこの数が増大してゆくであろう。それだけに外貨申告制度や貴金属購入等で無用のトラブルを起こしてもらいたくないと思う。

第五部　搭乗中の飛行機の機体に放火未遂した女性

一九六六年は私が米国ワシントン州の在シアトル総領事館に配属となって二年目である。私も多種多様の領事事務の雑務に慣れてきた。ある日系人が所有する三流ホテルで七十台の老人が世界的に有名なＧＥ（ジェネラル・エレクトリック社）の株券五万枚（当時の相場で推定時価四億円相当）を残したまま孤独死した事件の処理に追われていた。身よりはゼロで、半年経過して、株券の相続人が居なければ連邦政府の財産として没収されてしまうというのだ。そんな時に奇妙な事件が起こった。

搭乗中の飛行機の機体に若い日本人女性が放火未遂を犯したというのである。私はＧＥ株券問題を放り出してこの緊急事件に取り組んだ。

その若い女性は慶子（仮名）と名乗った。彼女は札幌を代表する歓楽街ススキの某ナイトクラブのホステスだった。そこへふらりと立ち寄った中年の米国人が彼女を見染めた。その後、ビジネスマン風のその米国人男性は数回彼女のナイトクラブに現れて、彼女を指名した。

二人はすっかり意気投合して、男女の関係も重ねるようになった。男は自分は離婚していて、今は単身だと呟いていたらしい。

「ケイコ。私は近く米国へ帰国する予定だ。日本滞在中はすっかり君にお世話になった。感謝しているよ。帰国後に君宛に往復航空切符を郵送するからニューヨークまで遊びに来ないか？　私からのお礼だよ。ニューヨークの観光案内をしてあげよう」

「まあ、嬉しいわ。ニューヨークの空港で出迎えてくれるのね？」

「勿論さ」

ざっとこんな会話が慶子さんと相手の男との間でかわされたらしい。この種の会話はやまほどあるが、この男の場合は例外だった。というのは、別れてから間もなくして、正真正銘の羽田・ニューヨーク間の往復航空切符が送られてきたのだ。

慶子さんが大喜びしたことは言うまでもない。彼女のホステス仲間が異口同音に叫んだ。

「絶対信用できない、と思ったのにね」

「まるで奇跡だわ。そんなまごころを持った男もいるのね」

「アメ公の男の方が誠実だわ。日本の男は口だけで駄目よね」

慶子さんはまるで夢のような気分で羽田発のＮＷＡ機（ノースウエスト・エアライン）に搭乗した。羽田・シアトル・ニューヨーク間を飛ぶ当時の花形航空機である。飛行中も彼女はまるで雲の中を泳いでいるようなフワフワした気分だった。

航空機が予定通りニューヨークのケネディ国際空港に着陸した。慶子さんは彼女のボーイフレンドが果たして迎えに来てくれているか不安だったが、出口で果たせるかな大勢に出迎え者に混じって、彼が手を振っているのを見つけて、ホッと安堵した。彼は花束まで持っていた。

（やはり、彼は約束を守る紳士だわ。信用出来る人！）

「ケイコ。約束どおりやってきてくれたね。私は嬉しいよ」

「私もよ。航空切符に今日の出迎え。ほんとうに感謝しているわ」

「感謝は私の方だよ。長旅で疲れただろう？　ホテルまで送ろう。今日はゆっくり休んでくれたまえ。また、出迎えにくるよ。それからニューヨーク市内の観光案内をしよう」

この時、慶子さんは軽い失望感を味わった。てっきり、彼の自宅へ案内されるものと思っていたからだ。後で考えたら、彼女の思い込みにすぎなかった。そこまで彼が約束してくれていたわけではないのだ。空港からホテルまでに彼が運転する自家用車も中古車だった。ホテル代も彼女が支払を約束させられた。ホテルも三流クラスで、宿泊客の身なりも上等とは言えなかった。ベッドも堅くてよく眠れなかった。

彼女の軽い失望感は翌日にはさらに悪化した。朝食はバイキングとは名ばかりでチョイスが限られており、またまずかった。それでも、彼が明るい表情で市内観光のためにロビーに姿を見せた時は嬉しかった。

「おはよう。よく眠れたかい？　一日もすれば時差ボケは治るものさ。さて、今日の観光だけど、ケイコが特に行きたいところはどこだい？」

「そうね。私は何も知らないから、お任せするわ」

「では誰もが憧れる、自由の女神像、エンパイヤーステート・ビル、ヤンキー・スタジアムなどから始めようか？」

「ええ、お任せするわ」

しばらく摩天楼の中を進み、ガソリン・ステーションに車が立ち寄った。すると彼が意外な言葉を発した。

「ケイコ。小銭を持ってないので、十ドル出してくれないか。ガソリンを買うからね」

「……」

彼女は驚いたがくったくのない彼の表情を見て、そんなこともあるかもしれないと解釈して、十ドル紙幣一枚を彼に渡した。昼食はコニー・アイランドと呼ばれる遊園地で、彼がホットドッグとコーラーを買ってきてくれた。

その日の夕食は彼女のホテルですることになり、結局、支払いは彼女のホテルへのサインで支払わせられた。ホテルの食事は不味く、サービスも悪かった。この夜も彼女は一人寝となった。どこかダンスパーティに連れていってくれるのかな、と期待したが、空振りだった。

翌朝、彼がロビーで彼女に突然、冷たい言葉を発した。

「実は田舎の母親が急病で今から看病にいかねばならなくなった。悪いが今日の観光は君一人でツアーに参加してくれ。市内遊覧観光バスだ。君の分の予約はもう済ませてある。ここから歩いて数分のところがスタート地点だ。そこまでケイコを案内する。申し訳ないが我慢してくれ。今晩、ここにまた来るから部屋で待っていてくれ」

「電話番号だけでも教えてほしいわ。何かあった時の連絡に必要だから」

「忘れていたね。ごめんよ。これが電話番号だよ」

観光バスの出発点で、彼女はまた切符代を請求された。何だか全ての支払が彼女もちなのだ。

(彼はおもったほど金持ちじゃないのね。万事ケチケチしていて、何だか怪しいわ)

その疑問が間もなく強くなった。観光バスでくたくたになって、ホテルに戻り、夕方何時ごろ来るのかを電話で確認したいと考えて交換手を通じて彼のところにかけてみた。すると女性が出てきた。そもそも慶子さんは全然英語が分からない上に、電話口に出てきた女性は全然日本語が理解できないらしい。そのうち、女性は呪いのような英語をわめいてから、電話をいきなり切ってしまった。おまけに電話口には幼児の声も聞こえていた。

(何ということだ！　家族持ちだったんだわ！　離婚して、今は単身だと言っていたくせに。なんだか嘘が多い人ね！)

慶子さんは男の正体が何となく把握できたような気がした。その日の夕方、男がホテルのロビーから彼女の部屋へ電話をしてきた。

「おまたせしました。今、ロビーにいるから早く降りて来てくれ」

慶子さんは今夜もこのホテルの薄汚い食堂で夕食をすることになりそうな予感がしていた。果たして男は見事な言い訳をした。

「今夜は夜勤があるので、どこにもゆけない。ごめんね。夕食もここでしたいのだけど許してくれ」

「また、こんなところで食事をするの？　私はもう我慢ができそうにもないわ。それに貴方は奥さんと子供さんがいるんでしょう？　夕方、貴方の自宅に電話してみて分かったわ」

「ごめん、ごめん。実は別れた妻がよりを戻したいと言って、また戻ってきたのさ。けど、札幌で君に愛をささやいたのは真実だよ」

「もう、そんないい草聞き飽きたわ。じゃ、私はどうすればいいの？」

「君に誤解を与えたのはあやまるよ。ほんとうに申し訳ない」

慶子さんはこの言葉で切れた。あっと言う間もなく、テーブルの上のワインの入ったグラスを掴んで、男に向かって投げつけた。グラスは割れて、ワインが男の顔にかかり、破片がささり首筋から血が流れた。

「何をするんだ！」

ホテルの従業員が、この光景を目撃して仰天した。マネジャーが警察を電話で呼んだ。やがて市警が飛んできた。こうして、慶子さんはそのまま荷物を持って国際空港へ警察の車で運ばれた。ホテル代等はチェックアウトの時に勿論彼女が支払った。

本来なら市警に拘留されるところだが、ボーイフレンドの男の陳情と説得が功を奏して、強制送還の措置が取られた。慶子さんはこうして、ノースウエスト航空のカウンターで羽田行きの搭乗券を与えられた。この航空券は男が最初に送付してくれた航空切符に基づくものだった。たまたま、その日の真夜中に羽田行き直行便があったので、運よく間にあった。ただ、エンジン・トラブルとかで、出発は数時間も遅延した。男は慶子さんの身柄を市警に預けるとそのまま消えてしまった。

さて、機上の客となった慶子さんは何もかもにむしゃくしゃしていた。特にボーイフレンドの男の仕打ちに腹を立てていた。

（それにしても、彼の正体は決して裕福そうでもないのに高額の往復航空切符を送ってくれたのは何故だろうか？　やはり、彼は私を愛していて、もしかして結婚まで考えていてくれたのだろうか？　いや決してそうに違いない。いったんは彼を捨てた妻が突然に戻ってきたので全てが狂ってしまったのだ！）

そんな思いが慶子さんの胸中を駆け巡って、結局は堂々巡りしていた。そうこうしているうちに航空機はモンタナ州上空近くを飛んでいた。慶子さんはふとポケットにあったホテルのマッチを取り出して擦ってみた。炎がボウーッと燃え上った。次の瞬間、マッチを機窓の小さなカーテンに近づけた。するとパッと煙が出た。それを目撃した後ろの乗客が大声で叫んだ。同時に火煙を目撃したスチュワーデスが飛んできて、毛布でもみ消し、他のスチュワーデスが慶子さんを取り押さえた。報告を受けた機長も現場に飛んできた。副操縦士が地上に無線連絡して、機は緊急着陸措置がとられた。最寄りの空港はシアトル国際空港だった。

その頃、私はシアトルの日本総領事館に早朝出勤していた。一九六七年の夏ごろのことである。突然、総領事から呼ばれた。

「君、直ぐ空港まで行ってくれ給え。何でもニューヨーク発羽田行きのノースウエスト航空に搭乗中の日本人女性客が機内の座席近くの窓のカーテンに放火したらしい。機長が緊急措置として、シアトル空港に着陸して、この女性客を強制的に降ろすということらしい。うまく交渉してきてほしい」

「はい、わかりました。ベストをつくします」

ほやほやの新米副領事の私はそういうしかなかった。とにかく空港にかけつけてみよう。私はかなりのスピードで空港を目指した。慌ただしく空港警備局に駆けつけてみると機体は既に空港に無事着陸していて、慶子さんは空港内の特別室で拘束されていた。小がらな二十代後半の若い女性で、服装もごく普通だった。青白い顔色でおとなしく無言で椅子に座っていた。彼女の両側には大柄の男女二人の警備員が警護していた。

「私はここシアトルの日本総領事館のものです。貴女が機内で火をもてあそんで火事になりかけたので、米国側は大騒ぎとなっているのです。いったい何があったのか率直に話して下さい」

「彼が悪いのです」

「彼？　それは誰のことですか？」

その質問から彼女の長い物語が始まった。途中で、彼女が頼みたいことがあるというジェスチュアを示した。

「何か冷たいお水を下さい」

米国の女警備員が気軽に応じて、大きなコップに氷を入れて、水を持ってきてくれた。ところが、彼女は黙ってそれを受け取ると、次の瞬間、その水を飲まないで、いきなり自分の頭に浴びせかけた。

私を含めてその所作に全員があっけにとられた。次の瞬間、彼女はスルリと警備員の間を抜けて、外の廊下に飛び出してしまった。私と警備員二人とさらに応援の警備員数人が加わって、彼女の後を追っかけた。広い空港建物の中を慶子さんは走りまわった。私は途中で息切れしたが、我慢して追跡した。一般客もいるロビーの中も突き進んだ。何だか、日本人の私が日本人の女を追いかけているように見られているのだろう、と自分の恥ずかしい姿を思い描きながら私は追跡した。ついに五、六人が彼女を大きなバーの一角に追い詰めることに成功した。

慶子さんはこうして再び確保され、空港の警備局長や入管局長の判断で、市内の精神病院に強制入院させられた。私は米国側と交渉して、一週間の入院後の診断で問題がないと確認された際にはノースウエスト航空機で日本へ送還するという内容の合意を成立させた。

私は総領事に顛末を話し、また、東京の本省にその旨を報告した。しかし、翌夕から私は勤務時間終了後に精神病院を訪ねて、彼女の容態を見守る仕事が増えた。私がゆくと彼女は喜んでくれた。ニューヨークの男のことや札幌での生活のことなどを話してくれた。

彼女はナイトクラブで勤めていたせいか、話しが上手で、機嫌がいい時には全く違う話題で私を楽しませてくれた。私も毎回訪問するたびに女性週刊誌や新聞などを差し入れして彼女の退屈を慰めた。

さて、一週間が経過した。病院側は異常なしとの診断書を書き、ノースウエスト航空は専用スチュワーデスを同伴させることに同意し、いよいよ彼女がシアトル空港から出発した。病院側は念のため、退院の際、長期フライトの間に有効な睡眠薬を慶子さんに注射してくれた。そのせいか、飛行中の彼女はおとなしく、何の問題もなかったと同伴のスチュワーデスが後刻私に語ってくれた。実は病院から空港までは総領事館の車で慶子さんを運んだのだが、彼女が突然、私の胸ポケットのハンカチを私の断りもなしにつかみ取りそのまま飛行機に搭乗してしまった。私は無礼な行動にちょっと不愉快だったが、それもすぐ忘れてしまった。

後日、札幌から私にお礼のはがきがきた。その中で、いつか借りたハンカチを綺麗に洗濯してから、お返ししますと書き添えてあったので、私は思わず微笑んでしまった。

第六部　米国人の夫に遺棄された日本人女性と子供達

福子さん（仮名）は決して幸福な女性ではなかった。彼女は二十歳のころ、石川県片山津温泉に仲居見習いとして勤めだした。

その頃、観光目的の団体客の一人として彼女のホテルに泊まった米軍兵士ホワイトと知り合った。ホワイトが何故草深い北陸の温泉宿に姿を現したかは分からない。多分、小松空港が近くにあるので、米国の空軍関係の下級技術者として働いていた可能性がある。多分米軍の演習にでも参加するために、この一帯に一時的に滞在していたのであろう。これが一九六四年（昭和三九年）の初めころの話である。

ホワイトはアイルランド系の白人男性で、すこぶる愛想がよく、同じ年頃の福子さんの一目ぼれしてしまった。米国人にしては身長一六五センチであるから小がらな方だ。彼は単に一泊だけ彼女のホテルに泊まっただけだったのに一ドルが三六〇円の有難さで、彼はその後、数回にわたり、滞在し、その都度福子さんとデートし、早くも男女の関係を持ってしまった。彼女は小がらで地味な顔立ちであり、人目を惹くような派手さはない。米国人好みのグラマーさやセクシーさはなく、日本人が見ても、地味すぎて魅力がある女性とは言えないだろう。かと言って京都風の奥ゆかしさがあるわけでもない。唯一の長所をあげるとすれば、ひたむきな従順さであろうか。誠実一点ばりといえば最も正確な描写である。日本人ならともかく、無口な彼女にホワイトが惹かれた理由が今一つ理解し難い。

そのうち、ホワイトは滞在を切り上げなくてはならなくなり、結局、東京郊外の立川空港の米空軍基地へ戻っていった。しかし、ホワイトの福子さんに対する思いは一時的な、単なる遊びではなくて、意外にも真剣なものであったことは間もなく明らかになる。彼は上司の許可を得て、わざわざ片山津温泉まで再訪し、彼女に会い、そこで求愛したのである。米国ならこれで彼女が承諾すれば婚約成立ということになるのだが、場所が日本で、相手が日本人だから、そう簡単にはコトは進まない。

婚姻手続きについて、国際的に統一的な基準があるわけではない。それぞれの国の法律によって律せられるのだ。しかし、それでは国際結婚のような場合、各国の法律が衝突して、どうにもならなくなる。そこで、各国が国内法として、国際私法というものを制定し、これで各国の法律の交通整理をしている。しかし、グローバリゼーションの動きはこの分野にも及びつつあり、各国が施行する国内法としての国際私法は相互に影響を及ぼし、だんだんと同じ内容になりつつある。こうした工夫により法的安定性を確保しようと、各国とも努力しているのであろう。

さて、ホワイトと福子さんの場合はどうなるのだろうか？

日本の国際私法は「法例」と呼ばれている。これは明治三一年の法律で、それが現在も有効に作用している。同法によれば第一三条が婚姻成立の準拠法について規定している。第一三条第一項は婚姻成立の実質的要件を定め、その内容は「各当事者につき其の本国法によって、定める」としている。実質的要件としては年齢などが重要となってくる。ホワイトは米国人なので、婚姻してよい年齢は米国法の規定による。米国では一六歳であれば結婚ができる。ホワイトはすでに二二歳だからこの点は問題はない。

次に福子さんの場合はどうだろうか？　彼女は日本人だから日本の法律、つまり、民法七三一条による。同条により女は満一六歳以上になれば結婚ができる、と規定されている。彼女は二一歳なので、この場合も問題はない。

次に婚姻の方式についてはどうだろうか？　同じく法令第一三条第二項は「婚姻の方式は婚姻挙行地の法律による」と規定している。

二人の婚姻は日本が「挙行地」であるから、その法律とは日本の民法第七三九条第一項の規定（婚姻の方式）による。すなわち、この規定は「戸籍法の定めるところにより、これを届け出ることによって、その効力を生ずる」とある。つまり、日本の村役場または区役所または市役所に届け出ればよいことになる。

それに関して、「婚姻の届出」の場合は同じ民法第七三九条第二項に規定があり、婚姻の当事者双方及び成人の証人二人以上から口頭または署名した書面で、これをしなければならないと規定している。つまり、ホワイトと福子さんが地元片山津の区役所に出頭して、彼女の姉とホテルの女将さんの署名入りの婚姻届を提出することで成立することになる。

ホワイトは殊勝な男で、一週間の休暇をとり、立川基地からわざわざ片山津まで来訪して、これら一連の手続きをやってのけたのである。

二人の婚姻はホテルの女将さんの特別の計らいがあったからこそ可能となったのだろうと思う。ただ、ホワイトは米兵だから、大多数の米兵と同様に、わざわざ北陸まで足を運ばなくても、東京の米国大使館領事部で、米国人牧師と同僚の証人の前で宣誓するという方式もあったのだろうと思われるが、それをしなかったところが、興味深い。つまり、この辺のロペスの言動は日本人にすこぶるよい印象を与えていたことは間違いない。

福子さんはこうして、姉や女将や同僚に祝福されて、ホワイトと結ばれて、新居のある立川基地へ移り住んだ。さらに間もなく二人は米国へ渡り、彼の故郷であるワシントン州ケント市へ移転した。実は前年にケント市と兵庫県神戸市御影区との姉妹都市関係の締結式があった。私はこの行事を通じてケント市高校教師テレジスキー氏と懇意になった。ブルガリア系の彼はケントを代表して署名したのである。ここはボーイング社にも近く、シアトル郊外のベッドタウンとして発展しつつあった。

ホワイトはシアトル郊外のマクロウド米軍基地へ自宅から通い、働いていた。その間に二人の間には男の子ばかり六人の子宝に恵まれた。六人の子は全員が何故か「D」で始まる名前をつけられていた。DICK、DANTE、DAVID、DAN、DONALD、DOUGLASである。

今から思うと、このあたりが二人の人生の幸福の絶頂だったのであろう。ところが二人の人生はこれ以降に少しずつ暗転していった。

ホワイトの勤務態度が芳しくなくて、ついに解雇されたことが深刻な状態を生みだした。生活のための収入の途が絶たれてしまったからである。彼はもともと酒癖が悪く、時々同僚との喧嘩が絶えなかった。こうなると彼の福子さんに対するDVも始まった。

また、二人はケント市に二階建ての一軒家をローンで購入したのだが、このローンの支払いが困難となり、家を手放さなくてはならなくなった。ホワイトは今度は必死になって職探しをした。シアトルは有名なボーイング航空機の製造工場があり、腕のよい技師ならこれほどよい仕事場はないのだが、ホワイトにはその技能が欠けていて、一時的な仕事しか与えられなかった。

ことここに至って、ホワイト一家には悲惨な運命が待ち構えていた。住居を奪われ、生活費は失業保険と社会福祉費だけとなった。

私は米国人と同じ社会に長く住んでいて、日本とは異なる個人主義的生活を羨ましいと思いつつも、やはり日本流の両親や親戚や友人との間の紐帯が強い日本社会の方が遥かに安定感と安心感があると思い知らされることが幾度となくあった。ホワイトの場合は両親も兄弟姉妹も全然頼りにならず、実に冷たいものであった。また、米国人の場合、多くの家庭が貯金がなかった。問題があれば銀行から住宅を抵当に平気で借金するというのが通常の生活態度で、日本人または日系人にはとうてい真似のできないやり方だった。

私がホワイトや福子さんの深刻な問題を知ったのはちょうどこの頃のことである。ケント市の社会福祉事務所の某担当官が総領事館の私に会いたいと言ってアポを求めてきた。彼は二世で有能な人物だった。会って話を聞いてみると、全く悲惨な状態であることが判明して、唖然としたことをよく覚えている。彼女にも面会したが、みだれ髪で、顔や首すじが垢が目立ち、ドレスもだらしなかった。毎日の生活や子供の面倒で、自分のお化粧などは全く無頓着で、哀れな女となり果てていた。

彼女の場合、米国人と結婚しているから米国永住権はある。まだ、日本の国籍は有しており、米国籍はとっていない。したがって、彼女が将来二重国籍者となったとしても、日本政府はこれを日本人として扱う方針なので、私が彼女の問題に関係することは何ら問題はない。ともかく、倫理的にも日本人であること、また、日本人であったことは無視できない。彼女の哀れな姿を見て見捨てるわけにはゆかない、と思った。

私は社会福祉担当官と協力して問題を善処することにした。米国に住む日系人は大抵は出身地の県人会に所属していた。そうした県人会は同じ県出身者が困った時は救いの手を差し伸べてくれることが少なくない。さらに各県の県人会を包み込んだ大きな組織が日系人会と称して様々な力を発揮する。

ところが、石川県人会という組織は出身者がほとんどいないので、まだ誕生していなかった。実際には数名の同県出身者はいるのだが、ホワイト夫妻とは一度も会っていないし、突然、面倒を見てくれとはさすがの私でも言いづらい。また、社会福祉担当官は地域の教会の牧師が力になってくれることがあるが、ホワイト一家はほとんど教会のミサに顔を見せたこともなければ、六人の男の子の洗礼も行っていない。つまり、牧師との関わり合いが無いに等しいので、援助してくれそうもない、というのである。この辺はホワイトの非社会性が裏目に出ている。

こうして妙案がないまま、ホワイト一家は離散の運命となりそうになった。当面の生活費は社会福祉事務所が面倒を見てくれそうだったが、それも半年位の期間に過ぎなかった。結局、私が外務本省経由片山津温泉のホテルで働く実姉と相談して、福子さんを引き取ってもらうことにした。彼女の帰国旅費は外務省が一時立て替え払いの制度を利用して、支払われることが可能となった。

また、六人の子はシアトルの児童福祉施設で長期間預かってもらえそうになった。

ところが、こうした状況を何らかの方法で知ったホワイト氏がある日突然私のところへ電話をして面会を求めてきた。その時の彼の言動が威嚇的なもので、拳銃を使いかねない雰囲気だったので、私もすくんでしまった。結局、上司と相談して、総領事館の事務所が入っているビルの警備会社に依頼して、拳銃を携帯した警備員一人に同席してもらうことにした。顔なじみの警備員だったので心強かった。

当日、ホワイト氏が私の事務所に入るのに際しては警備員がホワイト氏の身体検査をしてくれ、不測の事態が起こらぬように配慮してくれた。私は彼を警備員とともに事務所の図書室に入れた。

福子さんは同伴しておらず、事実上別居している様子だった。ホワイトと初対面だった。彼は小柄な白人男でその言動から明らかに下層階級の出身者だった。おそらく米国社会ではうだつがあがらなかったが、進駐軍の一員として、しかも一米ドルが三六〇円の時代に過ごした日本での生活は彼にとってパラダイスだったのであろう。

私は随分と緊張した。しかし、銃を持った大柄な警備員が控えていてくれたおかげでたんたんと会話を続けることができた。要は彼が職を得て家族を養う能力を回復するまでは一家が分散して生活するしかないという現実を納得して貰うことにつきた。彼は口を尖らせ、私を睨んでいたが私は屈しなかった。

また、福子さんが日本へ旅立った後、ホワイト氏から電話があり、総領事館に爆弾を仕掛けた、という嫌がらせの電話があった。これはどうせ単なる脅しだと思ったが、一応ビルの警備と市内の警察署に届け出ておいた。しかし、何も起こらなかった。私への待ち伏せもなかった。自宅に一度電話があったので、翌朝、秘書に依頼して、無登録電話に変えて貰った。こうして、事件はいつの間にか消えてしまった。

その後、私が市内の噂として小耳に聞こえてきたことは、福子さんが再びシアトルに戻ってきているということだった。私は六人も子供がおれば無理もないことだと思った。同時にホワイト氏が何らかの定職を見つけて、福子さんと子供を呼び寄せた可能性もあるのだろう、と解釈した。また、この問題で共に協力し合った二世の社会福祉担当官からも何の報告もなかった。私は楽観主義者なので全て楽観的に解釈することにした。

領事は走る

《山本　譲》（やまもと　ゆずる）

《著者紹介》
＊ 1942 年生まれ
＊法政大学卒業
＊赴任国
1970 ～ 1972 年：スイス
1972 ～ 1976 年：エチオピア
1981 ～ 1984 年：ドイツ
1984 ～ 1987 年：マレーシア
1992 ～ 1995 年：ノルウェー
1995 ～ 1998 年：ロシア
2001 ～ 2004 年：イタリア
2004 ～ 2006 年：アメリカ合衆国

在外領事援護事務では航空機や列車、また地震、洪水などの自然災害に伴う大型事故から自動車事故、自殺、盗難被害など多岐にわたる事件・事故の発生があり、その実務処理は主として領事担当官が当たることになります。私は現役中勤務各地のいずれの公館においても領事事務に携わりましたが、幸いにとでも言うべきか大型事故には遭遇しませんでした。以下はいずれも個別事案ですが私の印象に残った、そして教訓ともなった援護事務数例を紹介させていただきます。

事例一　僧侶の法難

世界各地から大量の平和運動者が集まり大がかりのデモが行われました。日本からも数名の僧侶の参加があった時のことです。デモ終了後当地警察より、デモ参加の日本人僧侶の一名が警察隊との衝突の際、所持していた太鼓（手鼓）を失ったとして当局に捜索を申し出ており、仲間の一名（僧侶）と共に署内で保護している。ついては保護している二人の部屋では太鼓を所持する同僚が太鼓を打ち鳴らし、署の前でも仲間数名が同様の行動をとっておりうるさいので出向いて欲しい、との報告と要請がありました。

早速警察担当の館員と一緒に出向いたところ、確かに署の前でも、また保護中の部屋にても太鼓を鳴らしている状態です。先方警察官から状況説明を受けたあと、保護されている二人に面会し事情を聴いたところ、警察隊のデモ追放により自分らが所持する大事な太鼓を失った。現物が出てくるまで署に留まっている、との言い分です。これに対し当方より、捜索については警察官が周辺をくまなく調べたが見つからなかったと述べている、と警察側の努力を伝達し、気の毒ではあるが紛失した太鼓が出てくることは諦めざるを得ないであろうし、この部屋で太鼓を叩くのはやめてはどうか、と当方警察担当官と共に硬軟両様で説得に当たりました。二人は「太鼓は焼失しない限りどこかに必ず所在する筈だ。警察官総力で探せば見つかる筈である。太鼓は個人の所有物でなく仏法の祈り上大切なものだ」との一点張りで当方よりの説得は聞き入れようともせず、太鼓を打ち続けるなど手の施しようがありません。警察署に対しては引き続き捜索をお願いすると共に、当方よりは僧侶の所属する団体にでも事情報告し、対処方法あれば連絡するとのことで一先ず署を辞去しました。

早速日本の外務本省に事情報告し、対処方針をも求めましたところ、外務本省より、所属の宗教団体からは「太鼓は仏法での法器とも言えるもので、これを失ったことの落ち度がないとはいえない。ただ、今回事故は平和運動に従事中警察隊との衝突時に起きたものであり、仏法上の『法難』に遇ったともいえるので紛失を責めるものではない」という趣旨の回答があったとの報告を受けました。この連絡を受け、改めて警察署に出向き同署ならびに二人の僧侶に伝達しました。二人は心なし安心した様子でしたが、太鼓が出て来ないまま署を離れることへの無念さがあるように見受けられました。当日同署には平和運動の責任者も立会い、二人に釈放に応じるよう勧めたこともあってか、しぶしぶ説得に応じたのではないかとの思いがしました。釈放翌日、太鼓紛失の僧侶は警察の掃討時に旅券も紛失したとして領事の窓口に現れ、再発給も受けました。受けた旅券の手数料について、自身の不注意ではないので無料とか警察署支払いを訴えるのではないかとの私の杞憂もありましたが、素直に手数料は支払い、同僚僧侶と共に当地を離れることとなり、宗法にも絡んだ事件は落着しました。

事例二　日本語補習授業校への政府一部支援

海外に居住する日本人児童・生徒が日本の教育を学ぶためには、日本人学校が所在する地域では同校へ、日本人学校が所在しない地域では国語、算数など科目の限定はあっても各週末などに授業を行う日本語補習授業校に通い勉学します。そして現在においてもその制度は続いているかと思いますが、両校へは日本からの講師派遣、校舎借料、教科書貸与、講師謝金など、状況に応じ日本政府一部支援が行われます。日本語補習授業校にあっては児童・生徒や講師数などある一定の基準を満たすことにより政府の一部支援が認められていましたが、その事情を知らず教科書の不在、講師への給与支払い等資金繰りに苦慮している補習授業校は各地に存在していると思います。

私は各国地での勤務中僅か二校ですが政府の一部支援実現についてお手伝いすることが出来ました。二校のその後の状況は把握しておりませんが、一般的に政府支援を受けることによる講師の謝金、教科書の受領など実質的な恩恵はもとより地元保護者よりの補習授業校存在の信頼度、生徒数の増加見込み、講師自身の職務意欲高揚などにも大きな効果があるのではないかと思っています。大使館や領事館の所在地においては領事担当他の職員と現地在留日本人との接触、交流の機会も多く学齢児童・生徒にかかわる教育情勢を比較的容易に把握することが出来るのですが、特に公館から遠隔の地域になると積極的に意識しないとかかわりが薄くなってしまうように思います。私もたまたまというのは不謹慎ですが、地方に出張し地元教育関係者との接触があったことにより政府による一部支援が実現出来たと思っております。このことを通じ教育問題に限りませんが、地方居住者との接触・交流は積極的に行い、可能な限り意向を反映できるように努めなければならないとの思いを強くしたものです。

事例三　スリ集団

スリ集団といえば即座にイタリア？　というとイタリア政府あるいは同国愛好者からの反論

を受けるであろうと思いますが、私自身同国勤務中に被害にこそ遇いませんでしたが苦い経験をしました。休暇を利用し日本から息子を呼び寄せ土産物を買いに出かけたときのことです。通常は自家用車を利用し出かけることが多いのですが、そのときは地下鉄を利用し商店街に向かいました。いつも現金、カード等の入った財布をズボンのお尻のポケットに無造作に押し込んでいる息子に対し、スリに注意するようにと諭し、地下鉄に乗っている際にも息子へのスリ防止に気を配っていました。ある乗車駅で数名の子供と共に、赤ん坊を抱えた若い婦人が私を押し倒すような勢いで乗り込んで来ました。電車が動き出し暫くしてから私の胸元の辺りを手探りするような気配を感じたので、若い婦人が赤ん坊にくるんでいる毛布を巻き込むのに苦心しているものと、私も手助けのつもりで体をずらし、左手を自分の胸のところに入れようとしたところ相手の手が異様な動きをしていることに気付きはっとしました。咄嗟に右手に抱えていた手提げバックの危険を察し確認しようと一瞬手間取っているときに電車は停車し、同時に若い婦人他数名の子供の姿が消えていました。持っていた手提げバックのチャックは見事に開けられており、開け口に入れておいた眼鏡のケースが幸いしてか、財布は盗られておらず一先ず安心。しかしスリ集団に襲われたとのショックは大きく、興奮状態でしばらく胸の動悸は収まりませんでした。振り返って、スリ集団が乗り込んで来た直後からやや離れた向かいの座席に座っていたご婦人が、私の方に手招きや目配りで何かを訴えているような仕草があり、私としては座席を譲ってあげようとしている好意と受け止めていましたが、仮にその仕草、シグナルがスリ集団なので気をつけるようにと訴えてくれていたとすれば、さすが地元住人のカン、眼力はすごいとの思いでした。

この事例を受け、ばつの悪さはありましたが領事担当としてスリに対する注意喚起の参考実例として大使館内で紹介しました。一部館員より、若い婦人が抱いていた赤ん坊はマネキン人形ではなかったのかとの言及があり、確かに赤ん坊の顔は異常にピンクがかっていたとの思いがし、初めて受けた経験であったとは言え領事担当としての慎重さや、観察力が欠けていたとの反省がありました。同地でのスリ被害は非常に多く、領事窓口に毎日のように旅券や現金盗難の訴えがありましたが、私自身被害同様の場面に遭遇したこともあり、被害者へ同情もし、防止の注意喚起に熱が入りました。イタリアの警察当局もスリ、盗難が多い事実を認め防止対策、検挙には努めていると言い、当局からは、旅行者側も貴重品や多額な現金は持ち歩かないこと、保管は分散するなど、細心の注意を払い被害を最小限に食い止める努力を心掛けて欲しいものだ、との助言はあるのですが……。

事例四　息子を失った母親の胸の内

海外留学中の若い青年が、彼を訪ねた日本からの若い女性と留学地と異なる私が領事管轄する地域で落ち合い、バス旅行中の車内での口論が発端で途中下車、青年が地元農家の物置小屋で自殺するという事件が発生しました。この事件を受け日本から青年の母親が、当初は遺体確認など発生地に赴くことを渋っていたようですが、青年の留学地である在留日本人などの説得もあり、現地に赴く決断をしたようです。

私も公館から遠隔の地にあった同地に領事担当官として出向いたわけですが、内心不安となったことの一つが、母親と自殺した青年と旅行を共にした日本からの女性との対面の場面でした。ご子息を失った母親の心痛、口論が原因で青年の自殺となったとされる女性の心痛で、さて母親が激昂するのか、女性は如何に対応するのかと、私自身も内心ハラハラの不安状態でした。

遺体確認前私の両名紹介時にはお互い会話のやり取りはありませんでした。遺体確認後安置所の広間でも椅子に座り沈黙が続いていましたが、母親から女性に対し小声で「息子の旅行に付き合っていただいて有難う」との意味合いの言葉が述べられました。その言葉を受けた女性は、下を向きながら涙を流し感謝していたように見えました。当初この瞬間を恐れ、不安を抱いていた私もこの成り行きにほっと胸を撫で下ろしたものです。母親は宗教の信仰者であるということを事前の電報等のやり取りで承知していましたが、信仰者であっても身内の不幸に対しては嘆き悲しみ、時には言葉、態度で自身の胸の内を爆発させるのではないかと思っていましたので、この発言に見られる母親の対応には、沈んでいる女性をいたわる思いやりの気持ち、心の広さとでも言うものを感じました。母親から伺ったわけではなく私の推測ですが、信仰者は悩みがあっても自身の胸の内に留める、乱れてはいけないということなのか、そのことはむしろ悩みを深めるのではないか、信仰者とは辛いものである、などの思いをしたものです。二人の対面では母親の終始冷静な言動で、青年のおそらく恋人でもあったに違いない女性は、青年の自殺の経緯など厳しく問い詰められることもなく、むしろ優しい言葉をかけられることで、内心抱いていたであろう自責の念も幾分収まったのではないかと思いました。私も母親の悲しみが感情に走ることなく、若い女性が厳しい言葉などで攻められずに経過した事態に、安堵の思いでした。

この事例では苦しい自身の胸の内はあっても、相手の気持ちを害さない思いやりの精神を持たなければならないとの教訓を得ました。

事例五　列車飛び込み

日本の会社を突然退職した青年が、海外に渡航し私が領事管轄する地域で列車への飛び込み自殺をした事件が発生しました。地元警察からの連絡を受け私は館の現地採用職員と共に大使館から遠隔の地にある事件発生現場に向かい、遺体、遺品の確認をしました。遺体は頭部の一部欠損（陥没）、足の散乱などあり、その状態を警察からの報告と共に青年の所持品とされる旅券記載事項などから判明した日本の家族への伝達を試みました。家族に直接連絡することは気分の重いことでした。国際電話で事故に遇った青年の氏名を伝達するや、家族の方からは、同人の捜索願を警察に提出していたところである等の事情から、同家族のご子息であることがほぼ認められ、数日後にはご両親が身元確認のため現地に出向いてきました。出迎えた空港やご両親の宿舎での私の説明に対し、ご両親は事前の連絡からご子息の事故を覚悟していたようでしたが、それでも事故の発生は信じたくなく、別人であって欲しいとの気持ちは抱き、母親からは息子自らの飛び込みでなく誰かに後ろから押されたということではないのかとの思いが述べられていました。私としては不審の点については現地に赴き、現場の確認、警察からの報告も受け、ご両親の思いを直接質して欲しいと応対するしかありません。

翌日現地に向かう車の中ではお互いに交わす言葉も少なく、ほとんど沈黙状態で到着し、直ちに遺体の確認に臨みました。ご遺体は警察の判断で全身布で覆われておりましたが、私からは後日後悔することがあってはいけないとの思いから布も取り除き直接ご遺体を確認することを勧めましたが、母親は堪え難かったのでしょうかその場を離れ、父親が布の上から頭部と認められる部位を手で触れ「ここが領事の言っておられた陥没部分ですね」とつぶやき悲痛な面持ちでご遺体に手を合わせておられました。散乱した足や身に付けていた履物は別の袋に詰められており、私は同物体の確認をも勧めましたが、ご両親は袋詰めの物体の確認は望まず、別途ご子息が所持していたリュックサックや旅券などの遺品を確認の上でご子息である事を納得したとして、ご遺体の身元確認は終えました。また、母親が不審に感じていた飛び込み現場の駅も視察しましたが、ホームと線路の段差はなく平坦であるなど、背後や脇から押される事故の可能性は低いとも思われたのでしょう、警察へ改めて問い質すこともありませんでした。

この事故での身元確認時の経緯を振り返り、私としては遺体の状況を私が確認した事情をありのままに国際電話や出迎えの空港、宿舎等遺体確認前にご両親に伝達していたことは本当によかったとの思いがしました。散乱した遺体の状況を家族の方に伝達することの辛さがありましたが、現場での直接確認と伝達内容に齟齬がなかったことで、ご両親も各々納得の上身元の確認が出来たものと思っております。海外事故発生に当たっては、領事担当官は当然のことですが家族の代理人となって、親身に現地関係部署と接触調査をし、家族等への報告が必要な際には正確、正直に対処しなければならないとの思いをこの事案は再自覚させてくれました。

事例六　人種差別？

国際列車で旅行中の日本人女性が、麻薬所持の疑いで税関係官より屈辱的な取調べを受けたとして、取調べ国の官憲に抗議をすべきとの訴えをしてきました。訴えによれば他国から列車に乗り搭乗時から自分が誰か役人らしき人物と思われる者に付けねらわれ、国境が変わってからも引き続き監視されているのではないかとの不審があり、当地の終着駅のホームを歩行中に係官に呼び止められ駅の税関取調室に連行された。麻薬所持の疑いがあるとして所持品、身体検査を受け、結果的には疑いはなく解放されたが、所持品の検査はともかく衣服を脱がされ身体の隅々まで異常と思えるほどの屈辱的な検査を受けた。麻薬の取締りはいずれの国においても厳しいものと耳にしていたが、自分には関わりないものと思っていたので、情けなく、悔しくて仕方がない。思えば列車搭乗時から監視を受けていたのは誰かから誤った通報がなされ、また、良く耳にしていた特定アジア人種と間違えられてのことではなかったのかとの思いがある。自分はその特定アジア人として疑われたのかも知れないが、それにしても人権を無視するような異常な身体検査を受け、特定アジア人であるからとして取調べを受けたとすれば人種差別ではないのかと、涙を流しながら当局に対して強い抗議と謝罪をしてほしいというものでした。

この訴えを受け大使館内で相談の上、先方外務省を通じ事実関係を調査することにしたいと説明し、本人は被害届けを出し退館しました。早速館内で上司とも相談し、日本外務省担当課とも協議し、提出までに若干の日時は要してしまいましたが、女性の訴える抗議と謝罪を求める陳述書に当方の事実確認要請の文書を添え、先方外務省担当課に出向き直接手交しました。その際、先方担当官より、訴えを起こした女性は日本に帰国し自国の在日公館にも抗議と謝罪を求めたとの報告を受けました。同人が、税関官吏より受けた検査処分の衝撃や憤りには計り知れないものがあったものと改めて伺い知りました。

先方外務省からは数カ月後に文書による回答を受けました。同回答によれば当該日本人女性の取調べに当たっては女性税関吏が適正に当たったこと、取調べの結果当該日本人女性には麻薬所持の嫌疑はなかったこと、取調べには人種、性別の差別は行っていないというものでした。同回答を帰国した日本女性に文書で伝達しました。彼女から我が方への返答はありませんでしたが、女性にとっては自身の求めた謝罪の言及がなく、気持ちが収まることはなかったものと思います。結果として女性の訴えを叶えることにはなりませんでしたが、公式文書による先方政府への申し入れは、当局にとっての検査取締りの改善、注意喚起の効用があったものと思っています。

事例七　警察ごっこ

無銭飲食で地元警察に保護された日本人若者（未成年）が、偽名旅券で海外旅行し、我が方公館で日本への帰国手続きを進めるに当たり大事なときに逃走、最終的には日本から親が滞在地に出向き、本人を日本に帰国させるという事案がありました。私が勤務する所在地の警察より、無銭飲食した日本人男性旅行者を保護しているので、引き取りに来て欲しいとの要請があり、現地採用の日本人職員と一緒に出向きました。警察署の食堂で悠々と軽食を取っている同人を引き取り、大使館が所在する地まで公用車で連れてきました。

今後の宿泊代他必要な旅行費用は旅程変更など航空賃の払い戻しなどで旅行会社より受領できるとの本人の言い分もあり、現地旅行会社に本人同行で出向きました。同社からは旅程変更、現金払い戻しなどは一切出来ないとのこと。とりあえず若者には当地の宿舎を確保し送り届け、私は大使館に戻り、改めて旅行会社と接触しました。同社では詳しい事情は分からないが、若者の父親から旅程変更は認められないとの連絡が入っている、とのことでした。

事情を日本外務本省に電報で報告しますと、翌朝同省担当課及び若者の父親から国際電話が入り、同人は偽名旅券で日本を離れている、直ちに帰国させて欲しいとのことです。意外な展開です。若者はこの電話を受ける直前に来館し、市内観光に出ていたのですが、午後には旅行会社との打ち合わせを予定していましたので来館しました。当方より偽名旅券の行使、父親からの帰国要請が来ているとのことを伝達しましたところ、本人は特段驚いた様子もなく素直に旅券の返納、日本帰国に応じました。早速帰国手続きを進め、帰国便については先に接触していた旅行会社で手配してもらい、旅券は日本に帰国のためだけの旅券を発行することとし、旅券貼付用の顔写真は最寄りの駅構内にある自動撮影機で私も同行し用意、帰国の準備はその日中に終えました。作成した旅券や航空券は本人に手交せず、出発日当日私が彼を空港まで見送り、搭乗手続き終了段階で手交することで本人も同意しました。

ここからがいわゆる警察ごっこの始まりで、出発日当日の朝私が宿舎に迎えに出向きますと、彼は宿舎から逃走、行方をくらましていました。朝食はといえばしっかりと済ませ、代金は「現在、大使館領事のコントロール下にある」とし未払い状態であるとのこと。あきれ返りましたが、本人がいなくなった状態では何も事を進めることが出来ず、行方をくらました事の次第を日本外務本省の担当課及び若者の父親へも電話連絡し、あとは様子を見るしかありません。行方不明となって二日後同国内の我が方総領事館より、当該若者らしき人物が旅券を紛失したとのことで現れたとの連絡。領事担当官と話したところ、逃走した若者に間違いなく、私よりこれまでの経緯を説明し、以降は管轄の総領事館での手続きをお願いすることで電話での引継ぎをしました。

ところが折り返し同館領事担当官より電話で、本人の身元他事情を承知している私に同地に出向いて欲しいとの依頼。管轄地域が異なるとのことがありましたので、上司とも相談しまして先方公館の意向を受け、私は公用車で同地に向かいました。旅券他の書類は既に用意されておりましたので、それを持参し総領事館領事担当官と共に若者の宿舎に出向き、二日前逃走されて以来の彼との再会です。彼は逃走について何ら悪びれることもなく平然としており、日本帰国についても抵抗の様子はありませんでした。私も当日は若者と同じ宿舎に泊まり、夕食を共にし、帰国便を変更した翌朝の宿舎ロビーでの待ち合わせの打ち合わせをして、それぞれの部屋に戻りました。翌朝までの彼の動向が気がかりで落ち着きませんでしたが、翌朝食堂で彼を見かけたときにはホッとし、食後には彼の方から出発時間の確認の声もかかったので、今度は大丈夫と気を良くし、数分後の待ち合わせを約束して、一旦部屋に戻りました。部屋に戻る前には念のため宿舎のフロント係りに、もし若者が外に出るようなことがあったら直ちに連絡してくれるよう依頼しておきました。私が自分の部屋に戻るや否やフロントから、今若者が外に出たとの連絡です。しまったと思い即座に飛び出しましたがあとの祭り、付近を探し回りましたが最早彼を見つけることは出来ません。またしても彼に逃げられてしまいました。数分前の約束は何だったのか。まんまと図られてしまいました。彼を確実に日本に帰国させるために他所まで来て、その責任を果たせず面目なく、しばし茫然自失の放心状態となりました。総領事館へは事情報告し彼が同館にも出向いていない事を確認。彼は今度どこへ雲隠れしたのか？　旅券はもとより所持金も余り持ち合わせていない筈なのにと。数日気を揉んでいたところへ、隣国の大使館領事担当官より、列車で移動中旅券不所持の密入国（不法入国）で若者が警察に保護されているとのこと。なんと旅券も所持せず第三国への大胆な逃走です。隣国大使館では手回しよく、数日後には父親を現地に呼び寄せ、若者を警察より引き取らせ日本に帰国させたようです。

無銭飲食で警察に保護されてから偽名旅券取得・行使の発覚、宿舎からの逃走、そして逃走は隣国にまで及びました。隣国では警察に不法入国で再び保護され、最後に父親の引取りにより日本に帰国し、この事件も収まったようですが、散々振り回された事案でした。父親によれば若者は著名大学に合格し、いずれ合格祝いでの海外旅行は考えていた、と隣国大使館の領事担当官より聞きました。親御さんもよもや息子さんが祝福前に、しかも偽名旅券を取得して既に海外旅行をしていたとは思いもよらなかったことでしょう

領事の歴史

《大日方　和雄》（おびなた　かずお）

一　領事の発生と発展

（一）　歴史上の領事

（a）古代

明治の末、「元始、女性は実に太陽であった」と平塚雷鳥は高らかに宣言した。そのひそみにならい、平成の今日、「元始、人は実に自由人であった」と言おう。

石器時代、人類にとって土地は充分に広かったし、人がその生活を送るために必要とされる土地を確保するには何の不自由もなかったであろう。木の実や貝殻を採取し、小動物を狩猟するためのテリトリーは十分に確保できたであろう。そのような環境の下、古代人の心は素朴であって、その言語も思考もシンプルにして誠実であり、何処へでも行き、そこに住みつき、家族を持ち、そして生活の糧を与えてくれる自然と折り合いながら生涯を過ごしたと想像する。

しかし、一万年以上が経過し人が増えるにつれ人智も進み、やがて一カ所に定住し集落を作るようになると、家族やその集合体である集団の縄張りができてきて、一体となってそれを守るようになってくる。そして人は、縄張りを守るということだけでなく、自己の生命に対する不安などの心の発露として、自分たちの集団を指導する者を求めるようになってゆく。その集団をリードし支配する者が具体的に選ばれる段階にいたると、人の移動に関する事情は一変したであろう。外来者は先住者から警戒され、食糧を調達する行動の範囲や快適な居住場所を巡り対立が芽生えるようになって行くのは自然の成り行きである知っている。このようにして人の自由な移動は制約されるようになり、住みつこうとする場所に既に勢力を張っている集団がいれば、その習慣や集団のルールに服従することが求められるようになる。

そのような段階になってから、移動しようとしている土地に既に住み着いている集団の攻撃から自己の集団の安全を守り、さらに、好ましい場所を求めて移動しようとしている集団の利益のために、「領事の原型」とでもいえるものが自然に発生してきたと思われる。具体的に考えてみれば、集団の構成員の中から気の利いた者が現れ、老人や幼い者あるいは妊婦といった集団の中でも弱い構成員の面倒を見るため一肌脱いだり、集団が直面する種々の困難な事態を切り開こうとして、率先して移動先の集団と話し合って折り合いを付けたりするようになってゆく。そうした者がやがてその集団のリーダーとして行動するよう期待されるに至り、それが私の言う「領事の原型」である。

ここで、古代の人の移動に関する事例を（外国のものではあるが）、酒井傳六著『古代女王ものがたり』に記されているところに従ってご紹介しよう。

「かつて、アラビア半島の地中海側、現在のシリアに含まれるアラビア砂漠の中に一大都市国家パルミラがあった。考古学調査に依れば、そこは紀元前二三〇〇年頃から人が住み始めた。やがて東西間の物の交易が発展するにつれ、砂漠の中のオアシスとしての強み（水と木陰を提供できる）と、ラクダによる隊列を組んで交易をおこなう商人を盗賊から保護し交易の安全を保証する武力を持つようになった。そうした要件を備えた結果、都市間の（国際）交易上一定の役割を果たすようになり、東西交易ルートの中心都市として繁栄していった。また、地域に次々に勃興していったアッシリア、ペルシャ、マケドニア（かのアレキサンドロス大王が率いた）、パルティア、そしてローマといった強国からの侵入を幾度となく受けながらも、なお砂漠の中継都市としての地位を保ち続けた。パルミラの弓騎兵は精強であったので、地域に侵入してきた外国兵はパルミラの攻略を避けたし、また運良くそれを攻略できたとしても一時的なものでしかなく、パルミラ人の反攻や砂漠の中に永く軍隊を駐屯させることの物理的困難さのために、占領を続けることは難しかったといわれている。紀元二世紀になるとパルミラの商人達は、ローマ帝国の支配下にあったエジプトのナイル河畔都市コプトスにも移り住み、パルミラの居留民団を形成して活発な商業活動を続けるようになっていった。これらコプトス在留の商人達は随時パルミラにエジプト情勢を知らせていたのだが、紀元三世紀、パルミラの女王ゼノビアは、その情報を基にエジプトに駐留していたローマ軍攻撃の戦略を立て、エジプトからローマ軍を放逐し、ついに小アジアからエジプトまでをも含んだパルミラ大帝国を打ち立てたのである」

ここに紹介されているパルミラ人居留民団の実態について私は詳細な知識を持たないが、パルミラが砂漠中のオアシスを保つ中継地として他の都市から独立した地歩を確保し、併せて交易をするための隊商を盗賊から保護するだけの武力を持っていたことは間違いない。これらパルミラの武人達は単に武力に長けていただけでなく、平時には商人として自らも交易を扱っていたのであろう。そして、コプトスに居留していたパルミラ商人達も、出身もとのパルミラ人と同様に平常時には商売を巧みに行っていたが、同時に弓を使い戦闘に長けた武人として一朝事あるときは出陣したであろうことが想像できるのである。

コプトス情報は個々の商人達が別々に送っていたのではないであろう。彼らが送る情報は、単なる外地の事情紹介にとどまらず、パルミラの女王に報告される程度の権威が認められていたと考えるべきである。情報の発信者について考えてみれば、コプトス在留パルミラ人のしかるべき地位にある者でなければその情報にこのような権威はつくまい。そしてこの情報発信者こそ居留民達の長であったろう。この人物は、パルミラ人達に信頼されていただけでなく、当時コプトスを占領していたローマ軍の指揮官達、さらにはこの占領軍に反感を持つ現地のエジプト人指導者クラスの双方に人脈を持っていて、彼らから一目置かれていたに違いない。そうでなければ現地の社会情勢について正確な分析は出来まい。

外国に居住してその地の社会情勢等を本国に報告するのは、外交官や領事官が今日日常的に行っていることである。いかに正確な情報を集めそれに適切な分析を施すかが腕の見せ所である。

昔も今も基本は変わらない。そこで、前述したように良い情報を集め、分析を加えて報告したパルミラ居留民の「長」こそ近代的「領事」の原型であった、と私は思う。

話は若干それるが、ここにひいたパルミラ人居留民団が本国（あるいは出身元というべきかも知れない）に対して行った情報提供の話は、日露戦争当時の次のような挿話を思い出させる。日露戦を控え、我が政府は、ヨーロッパを基地としていたロシア帝国バルチック艦隊の行方について必死に情報を集めていたが、なかなか動向がつかめなかった。ところが、ある日そのバルチック艦隊が東洋へ向けて航行していることをアフリカ大陸最南端ケープタウンの在留邦人が目撃し、これを日本へ知らせた。その情報により我が国海軍は準備態勢を整えることができ、日本海海戦勝利の一因をなしたと言われている。まさに、エジプトのコプトス在留パルミラ人居留民団の働きと同じではないか。

ところで、外務省が新入省員に対して事務研修のために配る教材の一つに「領事移住事務概説」があるが、そこには領事制度の誕生について次のように説かれている。

「領事制度の誕生は古代にさかのぼるが、本格的な制度としては、中世後半のヨーロッパの封建的商業都市に成立した商工組合（ギルド）において定まっていった。ギルドにおいては、組合員の紛争を裁く仲裁人（コンスル）を自治的に選んでいたが、ギルドの海外進出にともない、進出先でも諸紛争を解決する必要に迫られ本国におけると同様にコンスルを選ぶに至った。このコンスルはギルド構成員間の紛争のみならず、現地人とギルド構成員との間の紛争の調停にも当たるようになって行き、やがてコンスルの地位は、ギルドの代表から国の公の機関へと変わっていった。一七世紀後半、常駐外交使節の制度が確立した後、コンスルの存在価値は一時的に低下した。しかし、一九世紀後半からの国際貿易活動の飛躍的な拡大を契機として、国家を代表して政治的な問題を扱う外交使節とは別に、主として自国民の保護と通商上の利益とを守るコンスルの任務の重要性が認識されるようになっていった。そしてその地位と任務は、国際慣行および二国間条約によって徐々に明確になっていったのであった」

「コンスル」と呼ばれる者がギルドにおいて誕生したことはそのとおりであったろうが、コンスルが担ったと思われる任務の原型はギルドの中だけにあったのではなかろう。むしろ、先に紹介したエジプトのコプトス在留パルミラ人の例に見られるように、海外居住者のグループが彼らの中から代表を選び（その人の資質について考えると、武力に秀でていたり、あるいは現地の人々を含めて周りの人の間に人望が厚かったりしたであろう）、その人を中心に結束を固めて、居住先の人達（先住者集団）に対してグループの利益を主張しこれを擁護していったと思われる。

今日でも似たような現象が見られるので、次に紹介する。

①海外にある日本人学校では、現在国内で盛んに問題とされているような生徒間の「いじめ」は見られない。そのことは生徒数が僅か数人の小規模学校から数百人にもなる大規模学校にいたるまで全てに共通している。この「いじめ」がない理由として、次のようなことが考えられる。

海外の人間社会では日本人は圧倒的に少数派であって、大多数の異民族の中にちんまりと存在しているにすぎない。そうした事情の下では、日本人というグループに属する者同士が対立し特定の生徒をいじめたりしていては、多数派である現地人の生徒グループに対抗できず、結局自らがなにかと不利な状況に陥ってしまうであろうことは客観的に考えればハッキリしている。そのことを本能的に理解して、生徒同士がリーダーを作り互いの結束を固めているのであろう。

もちろん日本人学校の教員達が「いじめ」をするなと指導しているのであるが、それは国内の学校と同じことなのであって、それが海外の日本人学校で「いじめ」がないことの主な理由ではない。やはり、グループの一員として外部に対抗しなければならない状況におかれているので、リーダーの下で結束を堅くしている、と考えるべきであろう。このことを生徒個々が明確に意識していなくとも結果としてそうなっているのである。

②私が勤務していた香港で見聞したことである。香港には多数の若いフィリピン人女性が主にメイドとして出稼ぎに来ていた。なお余談ながら、これら海外出稼ぎ者（男性、女性を問わない）の本国送金がフィリピンの主要な外貨収入源となっていたが、それは今日でも変わらない。休日になると香港島セントラル地区にあるオフィス街にこれらの女性がどっと繰り出し、公園や空となっている立体駐車場の中（ほとんどのオフィスは閉まっているのでそこはがらんどうであるし、日陰となっているので好都合である）で終日おしゃべりに花を咲かせ、持ってきた弁当を

食べながら情報交換をするのである。鳥のさえずりのようにも聞こえる彼女らの声を聞きながら集団全体の人数を数えようとしてみたが到底数えきれない。この集団の様子をよく観察してみると、集まっている女性の間を回りながら話の輪に加わり、時にはそこに新たに人を連れてくる、といったことをして、集団をなんとはなしに束ねている人物がいる。それは出稼ぎのメイドたちの同業者ではなく、いわんや領事でもない。その男は、一見遊び人風の精悍な体躯を持っているが、表情は剽軽でもある若者であった。この男性の役割に大いに興味をそそられたのだが、私はフィリピン人ではないし、しかもマスコミの記者や社会学者でないので、むやみにこの男性に近づき、何をしているのか、役割は何か、本業は何かなどと聞くわけにはいかない。そんなことをすれば、相手は当方の質問の真意がつかめず、日本へのヴィザ発給の審査のために何らかの情報を得ようとしていると警戒するであろうし、それでは真実を聞き出すことは出来まい。そこで正確なことは何とも言えないのだが、観察の結果、この男性が移住先におけるフィリピン人グループの束ね人（やがて必要に応じて指導者と呼ばれるであろう）の原型のように思えたし、また、仲間の者から信頼を得るためには多分政府派遣のフィリピン領事と接触ルートを持っているのであろう、と想像された。

このようなことを考えると、今日のコンスル制度の原型がギルドで発生し、その地位や任務がそうした中で確立していったとしても、移住先においてグループを束ねて指導的な任務を果たす者を必要としたのは必ずしもギルドという同業種の人達の集団内に限られることはないのであって、もっと一般的な人間の集合体の中でそうした必要性を感じていたのであろう。要約すれば、領事の誕生は、リーダーを求めるという人間の本質的なところにその源があったのではないか。

(b) 中世の地中海世界の領事

時代は下って一二世紀、やがて近代的な領事制度に繋がる顕著な事例がコンスタンティノープル(現在のトルコ共和国イスタンブル)に現れた。

もともとビザンチン帝国の首都であったコンスタンティノープルにおいて商業活動に従事していた地中海の諸都市国家(アテネ、ジェノバなど)の商人たち(ギリシャ人、イタリア人、ユダヤ人など)は、それぞれの都市国家毎に職業集団(ギルド的なもの)を形成し、経済的な力を蓄えビザンチン帝国内において一定の勢力を持っていた。やがて一二世紀に入るとこれらの商人は自分たちの代表(「Consul judge コンスル・ジャッジ 審判領事」あるいは「Merchant consul マーチャント・コンスル 商人領事」と呼ばれた)を選出する権利を、ビザンチン皇帝から認められるようになった。皇帝の側からみれば、そのほうがコンスタンティノープルを上手く統治できるし、商人等を存分に活動させて税金を徴収した方が賢明だと判断したのであろう。

「Consul(コンスル)」は、商人間の紛争を本国の法や商業上の慣習によって解決する事を主任務とし、それは特定職業分野について特権を持つ集団の利益を守ることを意味した。当時のイタリア都市国家は、ビザンチン帝国にコンスルを置くようになってゆき、ビザンチンにおけるコンスルの設置と同じ目的を持って、それぞれの都市国家間においてもコンスルの相互交換を始めたが、これが今日的な領事制度の濫觴であったのである。やがて他のヨーロッパ諸都市もこれにならいコンスルの相互交換を始めてゆく。中でも通商により栄えていたフランスとスペインが熱心にコンスルを派遣した。

一四五三年、ビザンチン帝国は回教徒であるオットマン・トルコ帝国の軍事力の前についに崩壊し、コンスタンティノープルはオットマン・トルコ帝国の支配するところとなった。ヨーロッパのキリスト教諸国は新たな支配者となったオットマン・トルコ帝国と特別の合意を結び、海運上の利益と自国の商人社会の安全を守る必要に迫られていったのである。様々な動きがあったであろうが、一五三五年に、フランス帝国のフランシス一世とオットマン・トルコ帝国のスレイマン二世との間で条約が取り交わされるにいたった。これは「Capitulations（カピチュラシオン）」と呼ばれ、キリスト教国といわゆる異教徒との間の通商・居留民にかかわる基本的な条約の第一号である。一般的には、「カピチュラシオン」という言葉は「降伏条約」という意味であるが、辞書によれば、この言葉は「回教領内のキリスト教徒への規約」という意味をも持たせられている（新仏和辞典　白水社）。当時のオットマン・トルコ帝国とフランス帝国とのいずれが「降伏」したのか、私には判断する知識もないが、いわゆる玉虫色の表現を持たせたこの条約名は、いかにも当時の外交交渉にあたった担当者の苦心の産物であるように思われる。

このカピチュラシオンにより、商船団の免税と通商の自由が保障され、コンスタンティノープルに居住する外国人はビザンチン帝国時代と同様の特権を保持することができるようになった。また、教会（信教の自由）、法廷（領事裁判）、全ての私人に関する事項（婚姻、相続等）についてトルコ帝国内において治外法権を認められることが確定することとなった。

かつてあるトルコ人の友人が私に、「ヨーロッパの歴史書にはトルコ皇帝（スルタン）は、「コーランか死か」を標語に占領地のキリスト教徒を迫害したと書かれているが、トルコ皇帝は宗教に寛容であったので、トルコ帝国の支配に反抗しない限り、どのような信仰も許されていた。そしてこの伝統はその後も維持された」と語ったことがあるが、今にして思えば、それは一六世紀に結ばれたこのカピチュラシオンに基づくコンスタンティノープル支配のことを言っていたのであった。

やがてこの条約を模範として、西欧諸（都市）国家は他の非キリスト教国家との間でも同様な条約を締結するようになってゆき、ここに近代的領事制度の枠組みが定まったのである。

商業活動上の必要から自然発生的に行われだしたコンスルは、一六世紀以降、国家の在外組織の一部に取り込まれて行くのである。

（c）仏系と英系の領事の違い

法学の世界では、いわゆる大陸（仏）法系と英（米）法系の違いが言われるが、領事制度についても違いがあった。

近代的な領事制度は一八世紀になってからフランスによって整えられた。外交官とは異なる領事官の独特なステータス（国家を公式に代表する者ではないという地位）が承認され、領事官の任務や職務に伴う条約上の特権（領事官が属する国の公的事務を扱うにあたり、時として駐在国の法令からの自由が必要とされるので、職務上必要な事柄である）が明確に定められるようになっていった。領事官の職務は、従前のような同業商人間の紛争調停を中心としたものから、一般私人間の婚姻、養子縁組など身分関係の処理や本国で発行された文書の信憑性証明など一般行政事務へと範囲が広がり、より専門的な知識が必要とされるものとなっていった。その結果、領事官に対する職業上の訓練の重要性が認識され、充分な訓練が施されるに至る。また、外交官による領事職務の取り扱いが承認され（国や都市によっては領事官が任命されていないこともあるので、そのような地では外交官による領事事務処理が必要である）、やがて、フランス国内制度の上で外交官と領事官との人事交流が行われるなど、領事官と外交官との垣根が低くなっていった。

これに比し、イギリスにおいては、旧来型の Consul judge（コンスル・ジャッジ審判領事）や Merchant consul（マーチャント・コンスル商人領事）による事務処理という領事制度が永く残り、一九世紀後半に至っても、イギリス領事は貿易業などの営利事業との兼職が認められていた。また、領事官が取り扱うようになった一般行政事務の執行に際しては、法律あるいは行政習慣等の専門的な職業訓練が必要となってきたのであるが、商人との兼職が認められている体制の下では、訓練が充分には行われなかった。そのため一部にはかなりルーズな一般常識に基づく事務処理もあったようである。

さらに、外交官と領事官とは採用方法も異なり、ましてやその間の人的交流は原則的に行われなかったのである。英国では領事官は外交官よりも格が低いものと扱われていた。その背景には英国社会の身分上の階層分離があり、主として貴族階級の出身者（これは同時に、名門大学を出て社会的な人脈がある者を意味する）が外交官になっていたという実態が指摘されよう。この間の事情を、的確に指摘した一文を萩原延寿著『遠い崖―アーネスト・サトウ日記抄―』から引用してみよう。なお、アーネスト・サトウは幕末に在日英国公使館員（公使館は今日の大使館に相当する。サトウは英語・日本語の通訳ができた。但し日系人ではない）として幕末期の日本で活躍した英国人外交官である。

「……ミットフォードは、当時の駐日イギリス公使館員と領事館員の中で、二つの意味で特別な存在であった。第一に、ミットフォードの社会的背景である。貴族階級の出身で、イートン、つづいてオックスフォード大学のクライスト・チャーチという、上流階級子弟のすすむ教育の『常道』を歩み一八五八年に外務省に入ったミットフォードは、日本に駐在するイギリスの外交官の中で、いわば本国の上流階級と直結していた唯一の人物である。ミットフォードは、当時のプリンス・オブ・ウェールズ（のちの国王エドワード七世）の親しい友人であるという、社会的な『資産』も持ち合わせていた。第二に、以上の点と関連があるが、ミットフォードはサトウやアストンと違って、領事部門ではなく、それよりも格が上の外交部門に所属していた」

このように、外交官と領事官についてフランス系とイギリス系とで歴史的な背景に違いがみられる。

このことに関連して面白い経験をしたので、それをご披露しよう。

一九九八年から二〇〇一年の間在英国日本大使館勤務中に私が加盟していた「英国国際法学会」が、会員に対して領事官に関するアンケート調査を行ったことがあった。その中に、採用方法や領事官が外交官となるかといった処遇についての質問項目があり、質問の意図についていささか奇異に感じた。よく考えてみれば、英国国際法学会の主要ポストは当然ながら英国外交官出身者によって占められているわけで、英国外務省の外交官と領事官にかかわる上述の様な歴史的な背景の下に、そのような質問が作られたのであろう、と遅まきながら合点がいった次第である。

仏・英間でのこうした違いはあるのだが、個別条約あるいは慣習的に行われていた領事官の職務やその執行ルールについて、やがてこれを一般化しようとの意識が各国間で高まっていった。各国の国際法学者と領事官実務者が成文化に向けて鋭意協働作業を行い（我が国からもこれに参加している）、一九六三年（昭和三八年）に「領事関係に関するウィーン条約」（以下「ウィーン条約」という）としてとりまとめられ、主要各国が署名するにいたった（我が国は、なんと一九八三年〈昭和五八年〉になってから加入した）。そして現在では、このウィーン条約への未加盟国も条約の趣旨に添って行動しているように見受けられる。そのことは、この条約の内容が国際慣習を踏まえていることから、ある意味では自然な流れであると言える。したがって、自国の領事官に対する国内法上の取り扱いは様々であるにしても、外国に駐在する領事官に関してみれば、領事館開設手続き、領事官の任命や駐在承認、職務の執行に当たっての駐在国法令からの特例扱いなど、現在では、世界的にほぼ同じ扱いがなされている。

また、私が知見した我が国に駐在する諸外国の領事官の活動中、我々とはかなり違う領事官制度がその背景にあると感じた事例をいくつかご紹介する。

一九六〇年代において、南米の某国大使館領事官は、任意に定めた査証手数料を自己の収入とし、領事事務所の運営費をそれによってまかなっていた。その国では領事官のポストは請負制となっており、政府から事務所運営費は出ていないとのことであった。同国へ渡航する側から見ると、担当する領事官が交代するたびに査証手数料が変わるわけで、何とも不安定なやり方である。これは将に古典的「マーチャント・コンスル」の形態である。

また、中近東の某国大使館領事官は、正規のヴィザ手数料の他に、種々の名目を付けて（例えば、申請を優先的に〈あるいは好意的に〉処理してやる）ヴィザ申請者から金銭を徴収していた。一見領事官へのワイロのようであるので、このことの適否について数人の日本人から相談を受けたことがあった。その際に、彼が数台の車を所有し本国に送り出しているとのうわさ話も聞いた。彼が受領しているという金銭の行方について領事官に問い質すことも出来ないし、この件については如何ともなしがたかった。なお余談であるが、彼は間もなく本国に召還されたが、それが定期異動であるか否かは知らない。

アジアの某国大使館は構内に食堂を開設していたが、その食堂は大使館員以外の部外者（主として同国人であったが）にも公開されていて、当時いわゆるエスニック料理店として評判を取っていた。しかし、大使館は本来営業活動をすることは認められていない。たとえば、食堂経営事業への課税、調理場等への衛生管理法令の適用、コック、ウェイターなど食堂従業員の身分と就労管理関係法令の適用（大使館の館員は外交官として受け入れるのだが、彼ら食堂従業員に外交官待遇を認めることは論外である）、その食堂が行うであろう原材料の購入や輸入に伴う商取引についての我が国商法等の適用などなど、外交に関するウィーン条約上問題があるのではないかと感じたことがあった。同条約の上では、大使館構内への不可侵権、館員の不逮捕特権、食材などの輸入税・消費税・所得税の免税、外国人の就労管理法令の適用除外などが認められている。従って、この大使館の食堂経営についてはウィーン条約上の特権の乱用とも受け取れるのである。

これらの事例は、こうした国々おいては、なおコンスルの発祥当時の考え方（審判領事や商人領事）が領事制度の根幹にあることの証左であろう。

（二）我が国の領事官

（a）「領事」を表現する言葉の変遷

我が国における領事官制度は、開国前の江戸時代には統治機構の制度として考えられなかった。国内では藩が各地に割拠して独自のやり方で藩内統治を行っていたのだが、他藩に出向いた自藩領民を独自の方針で取り扱うため、藩士を役人として他藩に常駐させるというような発想はなかったであろう。そこにはヨーロッパのようなコンスル発生を必要とする事情はなかったといえる。幕末のアメリカや欧州諸国による開国要求により、たとえしぶしぶであったにせよ、外国領事を受け入れることから始まり、やがて我が国領事の外国への派遣へと進んでいったのが道筋であろう。

そこで幕末から明治における我が国外交体制の確立までの間、領事制度がどのように発展してきたかを検討するため、まず「領事」を意味する言葉の使用振りをたどってみることとする。

(b) コンシュル

一八五六年(安政三年)、アメリカ人タウンゼント・ハリスが、アメリカ合衆国国務長官発の書簡(同人を「ミニストル・アト・インテリム兼コンシュル・ゼネラール」に任命したとの内容)を携えて下田に来て日本への駐在を求めてきた。これは、その二年前の一八五四年(嘉永七年)に日米間で締結された日米和親条約(いわゆる神奈川条約)第一一条に基づきアメリカ官吏を日本へ「差し置く」ためのものであった。当時の我が国には「ミニストル・アト・インテリム」や「コンシュル・ゼネラール」の制度がなく、その訳語もなかったので、英語をそのままカタカナ表記した。一八五八年(安政五年)の「日米修好通商条約」中には、「コンシュル・ゼネラール」の他「ジプロマチーキ・アゲント」、「コンシュラル・アゲント」など外交・領事関係用語がカタカナで使われている。

また、一八六九年(明治二年)東京で調印された「日本澳地利(オーストリー)条約」中には「コンシュル」、「ヂプロマチックヱゼント」等のカタカナ語が見られる。

(c) 岡士

次いで、「コンシュル」の発音をとらえ「岡士」(フランス語からの表記という)あるいは「岡色」、「公司」、「紺四郎」などと標記するにいたるのであるが、これらの表記方法は外国語の音を、カタカナでなく、漢字に置き換えたものにとどまり、まだその職務内容を表現したものとはなっていない。

このうち①「岡色」は「岡士」と同様の発音の標記であるが、何やら男色を思わせるものがある。②「公司」は、やはり発音の標記であるが、今日では中国語圏で「会社」を意味する語として使われている。③また、「紺四郎」にいたっては、まさに江戸戯作者の言葉使いで染物屋の手代を連想させる表記である。さりながら、「コンシュル」を国家の使用人と見立ててその点を強調し、更に「コン」の冒頭発音に引っ掛けたのであれば、なかなか穿った表現であり、まんざら捨てたものではない、とも思われる。

とまれ、これらの漢字表記のうち最も使われたらしい「岡士」についてみれば、「岡」はカングあるいはコウと、「士」はヂあるいはジと発音され、外国人が発音する「コンスル」にかなり近いといえよう。

「岡士」という言葉は、一八六〇年（安政七年）に神奈川奉行が土地を借り入れた外国商人に与えた地券書の例文中、六カ所にわたり見られる。また、一八六七年（慶応三年）に英国公使が外国掛閣老に宛てた書簡にも「岡士」があり、「コンシュル」の当て字としてよく使われていたらしい。

（d）領事官

「領事官」という言葉については、一八五五年（安政二年）、オランダ商館長クルチウスより長崎奉行に宛てられた書簡が、「和蘭（オランダ）かひたん領事官申上候、云々」と書き始められている。その翌年調印された日蘭（日本オランダ）和親条約においてオランダ側署名者の官職として「領事官」があり、条約本文中に、第三条、第二六条、および第二七条に「領事官」の文言が使用されている。これが「領事官」を正式に用いた最初の例であろう。

また、「領事官」の語は、①一八六七年（慶応三年）、外国奉行から幕僚に当てた上申書の中に米国人ブルークスを（我が国の）「領事官」に任命したいと記述されており、②一八六九年（明治二年）の外国官職制第四条、更には、③一八七〇年（明治三年）の外務省法則（規則）中「大少丞」一職掌として使われており、一八六七年（慶応三年）頃から「コンシュル」の訳語として

「領事官」を使い始めたのであろう。

しかし、上述の一八六七年の外国奉行発上申書には「領事官」と「岡士」とが混用されており、また、一八六九年（明治二年）の「日本澳地利（オーストリー）条約」には依然として「コンシュル」とのカタカナ表記が見られるので、「領事官」、「領事」と言う言葉の定着にはなお時間を必要としたものと考えられる。

一八六九年（明治二年）の「外国官職制」には、外国に公使及び領事官等を置き、其の事務を総轄すると定められたが、そこに規定された「領事官」の格付け、職務については定めがないままであった。やがて一八七一年（明治四年）一一月五日、太政官布告がだされて、「総領事五等官　領事六等官　副領事七等官　代領事八等官」と格付けされ、官制が定まったのである。

（三）領事官の職掌・任務

（a）慶応四年から始まった

一八六八年（慶応四年）正月九日に嘉彰親王が「外国事務掛」に任ぜられ、親王は同一七日に「三職分課」の「達」を発して外国事務掛の職制を定めた。「外国事務総裁」には議定、宮、公卿、諸侯を当てることとし、その職務として「外国交際条約貿易拓地育民ノ事ヲ督ス」と規定した。ここには、国際間の交際、条約の締結交渉、貿易の促進策の実施とともに、海外に展開し、更に活躍する国民の育成・促進が想定されているのである。この「拓地育民」を具体化し展開したのが後の海外移住地の確保あるいは移住者に対する支援の強化などに繋がって行くのである。

翌一八六九年（明治二年）には「外国官職制」が定められた。

それによれば、外国官の職務として四点がしめされている。①「諸外国へ出テ在留又ハ往来スル日本諸商民ノ貿易事務ヲ総裁ス」（第六条）、②「学芸又ハ遊歴ニ付諸外国エ旅客タル日本士民ノ身分ヲ進退ス」（第七条）、及び③「外国人ヲ雇役シ諸般ノ使用ニ供スル諸約定及日本人ノ外国ヘ士官《ママ》シ雇役セラルルノ事務ヲ管領ス、④外国人ニ関係セル日本人民ノ刑法ハ法律一定ノ後ト雖外国官刑法官協議ノ後ニアラサレハ刑罰ニ処スヘカラス」（第八条）、となっており、今日の領事が取り扱う事務とほぼ同じ内容が明示されている。

そして外国官職掌分課においては、各国に在留する公使の「掌」として、「各其国ノ都府ニ住居シ両国ノ交際ヲ司リ本国ヨリ命令スル事務ヲ奉承シ其国ニ在留スル日本士官及日本商民ノ司長タル者ノ支配ヲナス」と規定した。この規定は幕末我が国に開港を迫ってきた外国政府が領事官を派遣する目的の一つしてあげた理由、「日本へ渡航する自国船舶や自国民の取り締まりを行うため」を踏まえ、日本公使の職務と明示したものである。

更に、一八七〇年（明治三年）には、「外務省定」として次の省則が定められた。

外務省の職務は、「御国民ノ同盟国ニ赴行スル許否ヲ決シ其進退ヲ指揮ス」と規定され、この省則を受けた「外務省軌節」で「卿」（外務大臣）の権限として「外国へ被差遣使節ヲ掄選シ且学業又ハ遊歴等ニテ同盟国ニ旅客タル御国人ノ身分進退ヲ指揮スル権アリ」とされた。

外国における我が国民の貿易活動の支援、国民の身分等の記録、海外における国民の雇用条件の監視と保護（低賃金や過酷な労働条件の防止、つまり、我が国民を奴隷として連れて行かせないようにすること）、外国事情に不慣れであった国民の行動に対する指揮など、当時の諸規則に規定されている外務省、外務卿、あるいは公使の職務は、今日においても領事事務の重要事項となって続いているのである。

一八七〇年代前半頃までは、領事官に関する意識が必ずしも定まっておらず、外交官と領事官との職務区分についても明確でなかったといえるが、一八七五年（明治八年）一二月一五日の「太政官達」として外務省職制が規定された。そこでは総領事、領事、副領事の職掌が新たに定まり、外交官と領事官との職務区分が明確になった。

以下「達」の関係部分の摘録である。

外務省職制

総領事、領事、副領事

各外国港ニ在駐シ貿易事務ヲ管掌シ兼テ御国人ノ其国ニ在駐スルモノヲ保庇スルヲ掌ル

一八七八年（明治一一年）一〇月八日、「日本領事官訓令」が発せられ、領事官の地位、職務権限が詳細に規定された。その主要な内容は次の通りであって今日の目で見ても充分参考となる訓令である。

①外国赴任の際の要件・注意事項、②現地報道等関係者との関係にかかわる注意事項、③領事特権の内容、④領事館設立手続き及び引き継ぎの要領、⑤公文書の取り扱い方法、⑥本国への報告義務、⑦海外旅券及び国民の保護、⑧同僚領事及び駐箚国駐在の日本公使との関係、⑨日本の海軍士官との関係、⑩領事官の給与及び公館の経費支給。

また、日本領事官訓令の前文では、外国に領事館を置く主旨、領事官の服務は法律と条約に準拠すべきものであること、そして領事官の基本的心構えを説いていて、新しい国造りに燃えている政府の意気込みが伝わってくる。次に前文の抜粋を掲載する。

「外国ニ領事官ヲ置クハ航海貿易工業上ニ於テ日本人民ノ権利利益ヲ保護拡張スルノ主意ニシテ其事ヲ執ルヤ法律及ヒ条約ニ従ハサル可カラス故ニ領事官タルモノハ其諸法規諸条約ト在留国殊ニ其地方ノ商法及ヒ慣例ヲ通知スルヲ要ス……」

（b）今次大戦後の体制

この領事制度は、一九四五年（昭和二〇年）まで維持・継続されてきたのであるが、今次大戦における我が国敗戦の結果、外国に一時居留する日本人は帰国を余儀なくされた。そして我が国は連合国軍の占領下におかれて、外交権限は縮減された。

敗戦直後の我が国経済は壊滅状態にあり、山野は荒廃し食糧生産量は底をついていた。そんな有様で緊急に輸入しなければならなかった食糧を始め、経済再生に不可欠な原材料物資の代金を支払う外貨にも事欠くありさまであった。海外渡航についてみれば、海外では諸々の支払いを円貨ではなく米ドルなどの外貨でしなければならない。もちろん今日のようなクレジット・カードによる決済システムはなく、原則現金払いである。したがって、海外旅行に出掛けるにはまず外貨の準備が必要となるが、政府は厳重な外貨管理を行っており、個人が外貨を保有することはきつく制限されていた。個人が持っている外貨は全て政府に売却しなければならなかったのである。このような為替管理体制の下、当時の外国為替レートは一米ドルにつき三六〇円に固定されていたが、実質為替レートは市場で形成されるので、非合法な市場いわゆるヤミ相場では一米ドルが四〇〇円以上で取引されていた。それでも海外に渡航したい人は正規の手続きを経て購入した外貨の他に、密かにヤミ市場で買った外貨を準備していったのである。

政府の外貨準備は常に不足しており、外貨は食糧や工業製品の原材料の輸入にあてることが優先され、一般の海外渡航に回す余裕はなかった。その当時、辛うじて次のような人々が渡航できたにすぎなかった。①外国人の妻となった女性や養子となった子供(これらの人達は外貨購入不要)、②外国人に雇われた者あるいは海外興行に行く者（ダンサー、歌手、サーカスなどのエンタテーナーで、旅費や滞在費は外国企業などが支払うので外貨購入不要)、③外国の大学・研究機関などから研究活動のため招聘された学者（旅費、滞在費は招聘先が負担するが、僅かな旅行雑費相当外貨のみを購入する必要があった)、④貿易に従事していて輸出実績が相当額以上ある者が短期間商用で渡航する場合(旅費相当額とホテル賃などとして最低限度の外貨購入が認められた)、⑤外国に留学する学生については、我が国の将来の学術振興のため海外渡航の必要性を認めた。ただし、勉学する専門分野などについて制限を設けていた(政府が行う留学生試験に合格した者に旅費と最低限度の滞在費相当の外貨購入が認められた。なお、外国の奨学金を受ける者についてはこの試験は免除され、渡航に必要な旅行雑費として最小限度の外貨のみの購入が認められた）⑥政府が斡旋した農業移住者（渡航用の船は政府が準備し、現地到着後の営農資金は政府が貸与した)。

当時、外国に赴く者は、事前に渡航先の事情を調べ、使用されている言語を勉強したりするのが一般的であった。また、渡航先国の法令により伝染病の予防接種を受ける必要があった。今日ではあまり重要視されていないが、ほとんどの国で天然痘や黄熱病の予防接種を受けていることが入国条件とされており、イエローカード（黄色い紙に印刷されていた）と呼ばれる予防接種済み証明書を持参しなければならなかった。渡航する国によっては、それらの他にコレラやチフスの予防接種を要求する場合もあったし、そうした情報を集めて計画的に予防接種を受けることは一仕事であった。今日では、信じられないかも知れないが、海外旅行中の発病予防のために、何ら異常のない盲腸の摘出手術を受けた人もいた程である。その頃、海外での手術費は極めて高額であると伝えられていたうえ、保険制度も充分機能していなかったので、旅行中の発病が命にかかわることを恐れたのである。そして、いざ出発ともなると、家族・友人と水杯を交わし、かなり悲壮な覚悟で出発したものである、と語り継がれている。そうした背景と堅い使命感を持って海外に赴いたので、渡航先国で盗難などのトラブルに巻き込まれる邦人はごく僅かであった。在外領事による犯罪発生状況の報告、あるいは現場における邦人援護の必要性もあまりなかったと言える。

《戦後回復期》

一九五一年（昭和二六年）、我が国と主要連合国との間で講和条約が締結されて独立を回復したことにより、我が国の外交体制も徐々に旧に復し始めた。大使館、総領事館がまず主要国に開設され、要員が派遣されていった。

一九五一年（昭和二六年）から一九六三年（昭和三八年）頃までの在外領事の主たる任務は、貿易事情を始めとする現地情勢一般の報告、対日評価の分析、戦前から居住していて戦後帰国しなかった永住日本国籍者に対する旅券の発給、戸籍にかかわる諸事務、ごく少数の学者・留学生にかかわる事務、外国に寄港する日本船籍船（主として貨物船と漁船）に関する国際海運上の条約に定められた事務（船舶航行報告・船舶の安全設備にかかわる条約上の証明書など）あるいは外国で下船したり乗船したりする海員に関する事務などであった。一方、本来領事の主要任務である外国人へのヴィザの発給は今日ほど多くはなかった。

日本国内では、朝鮮戦争の特需景気などを経て経済力が回復するとともに、これまでは厳しい管理統制下にあった海外旅行についてもそれに向けられる外貨枠が徐々に増えていった。外務省、大蔵省、日銀などからなる渡航審査会による外貨割り当ての審査も徐々に弛んで行き、一九六三年（昭和三八年）になると、一定額以上の貿易実績がある企業の業務渡航用の外貨購入が、回数や一回当たりの持ち出し金額に制限はあるものの、自由化された。翌年四月には観光渡航用の外貨購入が解禁された（年一回・五〇〇米ドルまで）。国内経済はそれまでに順調に回復してきており、日本国民はそれなりに豊かとなっていたので、裕福層を中心とした海外渡航者は飛躍的に増加した。農協や各種業界団体の観光団・視察団が大挙してハワイやアメリカ本土西海岸へ押し寄せていった。また、高校の修学旅行先として、外国を選ぶ学校も出始めた。昭和四〇年代前半のことであったが、生活保護世帯の子で新聞配達をしていた学童が、勤務していた新聞販売店からのご褒美で海外旅行に招待されることになった。旅行のためパスポートの申請をしようとしたのだが必要書類をそろえられないという事例が生じた。事情を聞けば至極もっともなことなので、申請時の必要書類につき特例を講じてパスポートを発給した記憶がある。

このように海外旅行が一般化すると、かつてのように、出発にあたり家族・友人と水杯で別れを告げるというようなことはなくなる。海外旅行は一部のエリート層のものから一般大衆のものへと変わっていったのである。

一九六〇年代後半から、「バックパッカー」あるいは「何でも見やろう」族（作家の小田実が昭和三六年に書いた同名の外国旅行記に由来するネーミングでいわゆる貧乏旅行者）と呼ばれる旅行者が散発ゲリラ的に各地に現れた。一方、裕福層からなる団体旅行団の世界闊歩、といった事態も現れはじめた。こうしたことから、①無理な旅行計画に起因した発病や強盗事件遭遇、②バックパッカーが主として引っかかることが多かった麻薬からの誘惑、③何でも大量に買いあさり現地の物価を押し上げると揶揄される集団的行動、④短期旅行者が折に触れて発現する海外不適応症、⑤海外勤務者の子女教育問題の深刻化、といった現象が起こったが、⑥スリ・置き引きといった日常的な安全問題とテロや社会不安から来る騒擾のような非日常的な脅威の問題、が新たにクローズアップされてきた。いずれも海外の邦人の生命や安全にかかわることであるので、領事の守備範囲となる。

こうした案件について、領事は一つ一つ対応するわけであり、その事例をいくつかご紹介しよう。

前記①に関しては、現地の病院へ日参することは普通で、入院中の日本人の病状を把握し留守宅に連絡を取って家族にそれを伝え、今後の方針や治療費の負担について相談する。来訪する家族を空港へ出迎え病院に案内し、さらに、家族が一定期間滞在し看病するために病院に近くて手頃なホテルを探す。外国に不慣れな家族には食事の世話をするのも当たり前である。

②のようなケースで、麻薬所持容疑で逮捕された邦人がでれば、安否確認を兼ねて警察や拘置所をたずね、裁判で刑が決まれば刑務所に健康状態や服役中の処遇振りなどを見に行くのも任務である。留守宅への連絡事項や要望事項（ほとんどが刑務所内の食事に関する注文であるが）を聞き、現地法令の範囲内で刑務所当局者に処遇の改善を求めることもあるが、それはなかなか難しい。ある国の刑務官に食事内容に関する受刑者の希望を伝えたところ一言曰く。「ここはヒルトン・ホテルではない、服役者は犯した罪に対する刑罰として日常生活が制限されているのである」と。

③の旅行マナーについては、各国領事とも大衆の観光旅行団のマナーには悩んでおり、国民が経験を積んで事態が自然に沈静化するのを待つしかないというのが結論であった。現在、西日本や東京の「アキバ」に現れる中国人観光客の行状もいつか収まるであろうが、彼らは人数が多いので、他国のそれより時間がかかるであろう。それにしても、所かまわずつばを吐いたり、寺社の敷地内ですら立ち小便をしたり、商店の陳列棚から万引きをすることについては、軽犯罪法や

刑法の窃盗罪を積極的に適用することを真剣に考える時期であろう。

④については、海外不適応症と呼ばれる一種の疾患であるが、外国人の間にいることから精神不安定となった人を自殺や周囲の攻撃から守るために保護し、更に適当な治療を施すように強制的に入院させる必要が起こることがある。どんな国でも本人や家族の意向を無視して病院に入れることは出来ない。警察とも相談しながら、裁判所に対し病院へ強制的に収容する許可を求める訴えを起こす。加療の必要性について医師の診断書をもらい、裁判期日には法廷に立ち会う。収容が許可されても本人を入院させるときには一騒動は免れない。病院から車両や看護師を出してもらうのだが、本人には病識がないので、病院の車に乗せる時に本人から手荒いキックを受けることもある。本人の心が落ち着いてきて症状が軽くなったら帰国の方途を医師に相談して帰国することになる。その際、家族が快く迎えに来てくれれば問題はないが、時にはすんなりといかないこともある。

⑤に述べた海外における子女教育問題解決策の一つは、日本人学校の新設あるいは既にある学校の校舎規模拡張である。海外の日本人学校は、日本から一定数の教員が派遣されているとはいえ、日本の国内法令上の扱いは私立学校となっているので、学校の新規設立にせよ校舎増設にせよ、先ず、現地にある日本人社会の教育問題解決に向けた熱意が重要である。必要な資金見積もりとそれを調達すること、校舎用敷地の確保（日本人居住地区からあまり遠方では具合が悪い。さらに、現地法令上、法人格がない日本人会が土地を取得できるかという問題もある）、外国政

府からの設立あるいは校舎増設許可取得（国によっては自国内にいる外国人永住者対策上、外国人学校の設立を認めない）、教員の確保（日本から一定数の教員は派遣してもらえるが、それだけでは足りないので、現地居住者の中から教員免許のある者を探すこととなる）など、現地で解決しなければならないことは山程ある。現地の日本人と一緒にそれらを一つ一つ辛抱強く積み重ねて行くのであるが、日常発生している援護要請などの業務をこなしながら、これらのことを処理するにはかなりエネルギーを使わねばならない。しかし、日本の将来を思うとき、次世代を担う学童に良い教育の機会を与えるのは我々の世代の義務であり、それから逃げるわけにはいかないのである。

海外子女教育の問題は単に海外で対処するだけでは解決しない。日本国内の主要企業がいわゆる帰国子女を正当に受け入れ、その能力を上手く引き出すようにしなければならないのであって、日本社会が外国の文化的背景を併せ持った若者をいかに受け入れられるかが問われているのである。最近、帰国子女が各方面で活躍していることは、海外日本人の教育問題解決への強力な励ましであって、喜ばしいことである。

（c）新たな展開

出国者が一千万人を超えてから既に二十年余りを経過して海外旅行はすっかり定着し、ひところのようないわば狂乱的なスタイルはなくなった。リピーターとして海外旅行を数回経験し外国事情にも通じた人が増えてきた。さらに、定年後の余生を、昔勤務した海外の都市で、あるいはゴルフや絵画鑑賞などの趣味を手軽にエンジョイできる都市で、ゆったりと過ごすロングステイヤーも増えつつある。こうした落ち着いた旅行者、海外居住者の増加は、領事の任務に新たな影響をもたらしている。

《受け身から攻めの領事へ》

かつて領事は、常時事務所に待機していて事件や事故が起こったときに現場に駆けつけるという、いわば「待ち」の姿勢で任務に臨んでいれば事足りた。しかし私は一九八〇年代後半頃から、このような姿勢ではいけないのではないかと思うようになっていった。旅行者や海外居住者の動きを見ていると、目前の援護活動や諸問題への取り組みも重要ではあるが、少し先を予見した活動をも行うべきではないかと考えたのである。

平素からの広報・啓発活動として、次のような生活情報の提供を行って、日本国民の海外滞在に資する事に留意すべきではないのか。例えば、日本と季候が違うことからかかりやすい病気の有無、警戒すべき風土病・伝染病とそれに対する備え、医療保険や受診時の現地システムの概要、あるいは日本語ができ信頼がおける医師のリスト作成、日常生活マナーの相違、現地の典型的な犯罪とその手口、教育や法律相談機関の概略あるいは日本語がわかる法律事務所のリスト作成、などである。発病したりトラブルが発生したりしてからではその修復に多くのエネルギーを要し、おまけに上手く行くかどうかは分からないのである。

私はこれを「受け身から攻めの領事へ」と名付けて実践するとともに、同僚や後輩領事にもその方向への転換を説いたりもした。

さて、ここで海外事情を国民へ情報提供することの重要性について、若干の経験談をご披露したい。

①一九九四年（平成六年）インドでペストが発生したときには、流行の実態が正確に伝わらない中、マスコミによる報道写真（白いマスクをかけた多くの市民が歩いている姿）を通じてペストの恐怖が過剰に喧伝され、在留邦人や旅行者がパニックに陥ったことがあったが、外務省を始めとする公的機関からの正確な情報提供が不足していたのではないかと反省される。ペストの予防接種薬は作られているが副作用が強く、ペスト患者に接触する機会の多い医療関係者以外には

接種を薦められないものとなっている。しかし、医師の中にはそのようなことを十分に知らないで予防接種をすすめるケースがあったため、インドに短期出張する邦人の中に予防接種を受ける者が出てきた。この人達は現地到着後体調を崩し静養を余儀なくされた事例もあったと聞く。

また、インドは広大な国であり、ペストは西南部のボンベイ（今のムンバイ）や東南部のカルカタ（今のコルカタ）に発生したのだが、そこから千キロ以上離れたインド北部に渡航する人からも予防接種の相談があった。いくら空気感染が懸念されるとはいえ、この距離は、細菌による空気感染には無理であろうと思ったことであった。ペスト騒ぎが沈静化した後、インド側から、当時好調であったインド経済に対する妬みから敵対している某国の対インド謀略作戦が働いて事態が異常に拡大した、との不満が漏らされたと聞いた。昨今の国際情報合戦を見ていると、さもありなんと思われる。

②一九九五年（平成七年）、バリ島から帰国した日本人旅行者が次々にコレラを発症して隔離されるケースがあった。そしてインドネシア有数の観光地であるバリ島ではコレラが大流行しているとの噂が広がった。外務省に渡航予定者から相次いで問い合わせの電話がかかってきた。しかし、現地で調査してみても、病院に多数のコレラ患者が押しかけているわけでもなく、バリ島には外国人観光客として日本人以外にも大勢のオーストラリア人などが来ているが、彼らの間でコレラ患者が出ているということも報告されていない。そもそも日本人だけが罹るコレラ菌がい

るなんて話は聞いたこともない。しかし、確かにコレラの症状を発症した人を日本の検疫所で検査してみるとコレラ菌が検出されている。そこで日本の厚生省（当時）はバリ島をコレラ汚染地域と指定したのだが、これに対してインドネシア政府から、バリ島ではコレラ流行はないので不適当な指定であると抗議してきた。外務省は、現地領事のコレラの流行は認められないという報告とコレラ罹患時の対処方法をとりまとめて公表するとともに渡航者に冷静な対応を呼びかけたところ、間もなく事態は沈静化した。結局、事の真相はハッキリしなかったのだが、日本の優れた医療技術で患者を精密に検査した結果、微量なコレラ菌を検出したのだろう、ということになった。なお、コレラ菌には症状が激しく出る菌と症状があまり出ない菌との二種類がある由で、日本で検出された問題の菌がそのどちらかであったかは聞き漏らした。外務省と検疫所との連携が充分に行われて国民への情報発信が適切であれば騒動は防げたのではないかと反省している。また、一件が収まった後、バリ島当局者は、同島への観光客が順調に増えていたことに不満を持った国がインドネシア経済に打撃を加えるためにこのような謀略を企てた、と漏らしたが、インドのコレラ騒ぎの時と同じ反応を示したことが印象深かった。

国際関係の中では些細なことも謀略の対象とされる可能性があることは、国際的な謀略戦に慣れていない我らとして、常に肝に銘じておかねばなるまい。

③二〇一三年（平成二五年）一月、アルジェリアにある石油プラント基地（日系企業も参画）

が武装集団に襲われて我が国民を含む多くの犠牲者を出した事件は、正規軍を配するなどテロリストからの攻撃に万全と思われるほどの対策をとってもなお攻撃を防ぐことが出来なかったことの現れであって、このことを見てもテロリスト対策の難しさが分かろう。事件の後、我が国政府は情報収集体制の再構築や邦人への情報提供方針を定めるなどの対策を策定し、所用の対策を実施しつつある。

冷戦の終焉後、世界は平和な方向に向かうものと期待されたが、現実にはそれとは逆に地域的な紛争の多発へと向かい、また国家ではなく宗教の衣をまとった私人の集団による武力を用いた犯罪が行われ、それが「解放闘争」の一環という名目で正当化されるようになっている。そして外国人である在留邦人や旅行者にとっては、そうした武力を使ったテロ行為に巻き込まれるのを防ぐことは困難になってきている。また、最初から外国人をテロの対象にしている集団もある。このことからも明らかなように、官民合同による現地情勢の分析とその結果の公表が強く求められている。

我が国は高度情報化社会に入り、マスコミによる各国事情の紹介について瞬時的な報道合戦が盛んである。インターネットによる情報収集も広く浸透してきた。こういった状況から、領事あるいは公的機関による情報提供の必要性は低下したようにも見えるが、情報の信頼性では依然として随一であって、領事がもたらす正確な情報への需要は高いと言える。

二　現代領事論

（一）新しい領事官

従来の領事事務は、具体的な事件や事故が発生してからそれに対処することに重点があった。援護要請者にとってはそのような事態は一生に一度の重大事故であるので、対処はなおざりにはできないし、決して軽視してはならない任務である。我が国の現状から予測すると、今後観光旅行のような一時的滞在者はむろん、海外駐在員、留学生、個別的移住者など長期的滞在者も更に増えて行くであろう。特に最近では、年配者の海外長期滞在者が増えているので、加齢からくる発病あるいは病死などの事案増加が充分に考えられ、海外における領事の出番が増えるのは間違いない。さらに、種々の世論調査の結果でも明らかなとおり、国民が領事の援護活動やその仕事について大いに関心を持つようになっており、領事の活動振りに対する厳しい監視の目は従来よりも格段に高まっている。

このような環境の下、従来型の領事事務だけではなく、国民が安心して海外に赴ける状況を作るため、普段から積極的に情報発信に努め、いったん事が起これば、国民への影響を幅広く考えながら対応することが求められている。これからの領事は、我が国憲法によって保障された国民の幸福追求の権利を生かすような方向に向かって必要な施策を考え、そしてそれを実行して行かねばなるまい。

具体的に言えば、海外での安全確保のためには、外国の政情や社会の安定性を分析して先行きを見通す作業に力点の一つをおき、テロ活動に関する情報を集積して予見される事態に備えるための判断材料を公表すること、外国の公衆衛生や医療事情についての現状を把握し、危険が及ぶと思われるときには渡航者などに果断に警告を発すること、などがあげられる。さらに、海外在留邦人の将来的生活設計のために、我が国の公的年金や税制についての情報を提供するとともに、居住国の類似情報にも目配りを欠かさず、現地の法制によって邦人に不利益が生ずる可能性がある場合には、問題点を外務本省に報告し、有効と思われる対策を策定して政策提案することも必要となろう。

（a）社会保障協定

公的年金に関しては、海外に派遣される日本人会社員に関する現地の公的社会保障制度への強制加入の問題がある。

先進的福祉制度を持つ国では、企業に雇われている者は、その国の公的社会保障制度に加入することが法的に義務づけられており、企業駐在員、個人起業者などの海外就労者はその国の公的社会保障制度に加入しなければならないことになっている。公的社会保障制度による年金支給の条件の基本的な部分は各国共通で、①加入者が一定期間制度に加入した後、②一定年齢に達したときに、③支払い済みの保険料に応じた年金を支払う、というものである。年金支給に必要な加入期間は長短様々であるが、大雑把に言えば一〇年以上の長期加入が求められている。ところで、日本企業から海外に派遣される社員は多くの場合任期三、四年間で、外国の年金制度が求めている加入期間を満たすことはない。そうなると、公的年金制度に強制的に加入させられ保険料（本人と派遣元企業とが折半する）を支払っても、ほとんど年金受給資格を満たすことはなく、結局保険料は掛け捨てで無駄となってしまう。他方、日本では、会社員が海外に派遣されて日本に不在となっていても日本の年金には加入していないと年金受給資格要件の一つである加入期間（二五年間である）が不足する、あるいは支払った保険料が少ない等の事態が生じる可能性がある。当該社員が受ける年金額が少なくなり、最悪の場合には年金を受けられないかもしれない。社員個人にとっては、老後の生活設計に大きな不利益を被る可能性が出てくるので海外駐在を渋ることともなり、必要な海外要員が不足することも充分あり得る。かくては企業活動に支障が出てきかねないので、企業は派遣先国の社会保険料全額を負担し、一方では社員の不在中も日本の年金制度から脱退せず、従来通り保険料を本人と折半して納入するというやり方をとっている。海外派遣駐在員が少ない時にはそれでもさして問題とはならなかったが、海外企業活動が活発化し派遣駐在員も増えてくると、そのような社会保障制度二重加入に伴う保険料負担は企業に大きくのしかかってくる。このような問題は日本企業にとってだけではなく、日本に進出している外国企業にとっても同じ事が言える。

また、海外起業者にしても、海外での事業をたたんで最終的に帰国するようになったときに、日本の社会保障制度に加入していた期間が短いなど我が国年金受給に際し、同じような問題に直面することとなる。

そこで政府間で協議し、外国企業から派遣され一時的（数年間）に駐在し就業している外国人については、本国で公的年金制度に加入していることを条件として、滞在国の公的社会保障制度への強制加入を免除すること、また、長期滞在（多くの場合五年以上）が予定されている者については、滞在国での社会保障制度に加入させ、その加入期間を本国での社会保障制度加入期間と通算して受給資格を認定すること、さらに支給する年金は、それぞれの国が納入を受けた保険料に応じて支給すること、などを内容とする「社会保障協定」を締結するようになっていった。ヨーロッパではかなり前からそのような協定を結びあっていたのだが、我が国は一九九〇年にドイツとの協定ができたのをきっかけに逐次他の国とも協定を結んでいる。中世に行われていた領事条約の全世界的な展開と似たような話であるが、将来、ウィーン条約のように社会保障制度に関する共通パターンの条約に昇華するかどうか、その行方を見守りたい。

これは企業の活動のみにとどまらず、在留邦人一般にとって将来の生活設計上重要な関心事項であり、在外領事が速やかに実情を調査・問題点を認識し、本国に政策提案すべきであったと思うのだが、それを行ってはいなかった。前述のような領事職務に関する将来展望が開けていなかったことも一つの原因であろうが、私も含めて、反省すべき事柄である。

（b）在外選挙

在外選挙は、国政選挙に際し定められた投票所で投票することが困難な在外国民（海外に居住しているため時間的制約や多額な交通費負担といった経済的な事情がある）に投票の機会を与えようとするもので、民主主義が発展した制度である。できるだけ多くの国民の意思を選挙結果に反映させたいという高い目的を持っている。海外に在留する自国民に投票の機会を与えるかどうかについては各国がそれぞれの制度を作っているのであるが、現在では多くの民主国家が在外選挙制度を導入している。

歴史的に見ると、この制度の発端は、海外にある植民地に駐留している軍人や公務員が、生命の危険を冒しながら公務についているにもかかわらず、定められた投票所に行けないというだけの理由で、選挙権を行使できないのは不公平である、というところにあった。したがって、在外選挙が認められる主な対象者は、軍人・外交官・植民地支配政府の公務員というところから出発して、逐次その対象を広げてゆき、やがて国内選挙法令上投票権のある者全てを対象とするに至ったのである。

在外選挙とはいえ選挙制度の一部であるので、選挙人の登録から始まり投票手続きそして投ぜられた票の開票までのプロセスについて、本国の制度に連動したシステムが構築されている。我が国の在外選挙制度の設計に当たり諸外国の制度を調査したが、各国の在外選挙制度はそれぞれの国が民主主義を展開してきた歴史を反映しているように見え、国家が関与する度合いも、出来るだけ少ない関与で国民が主体となって選挙を管理し実行する国（例えばフランス）と、我が国のように、選挙人登録から立候補者名簿一覧の提供、投票所の設営・管理、投票用紙の配布と開票場への記入済み投票用紙搬送まで、最初から終わりまで万端手厚い措置をとる国までさまざまである。

我が国では、一九九八年（平成一〇年）公職選挙法の一部が改正され、在外日本国民に投票が認められるようになった。我が国在外選挙制度の基本的発想は、それまで国内で認められていた「不在者投票」の延長線上にあった。不在者投票制度は、特定の選挙投票日に、所用で居住地に不在となる場合、あるいは入院中あるいは入院が予定されているなど、投票できないことに正当な理由があり同情すべき余地があるケースにつき、まさに例外として、投票期日前に所定の場所（選挙管理委員会事務所あるいは病院の事務室など）に出頭することを条件に投票させてやる、という考え方で制度が作られている。これは不在者投票をするよりも棄権した方がより安易であるという代物である。これに比し、新たに導入された在外選挙制度は、これまでの不在者投票という形を取りながらも投票できる要件が全く異なり、不在者の滞在先が外国であること、滞在期間中のいつ選挙が行われるか不明ながら仮に選挙が行われれば投票を認めるという考えである。また、不在期間も長期に亘ることが見込まれる者（国内に住所がない）を「不在者」と扱うことにしたのである。国内に住所がない者（従って国内の選挙人名簿に登録されていない者）にも投票を認めるという点では画期的なものであるといえる。しかし、反面、国内の不在者投票の延長線上に制度をいわば継ぎ足したことは、在外選挙制度にさまざまなひずみをもたらしているのである。

実際にあったあるケースを基に現在の在外選挙制度の基本的問題点を指摘する。

子供の頃、親と一緒に南米に移住した日本人が、移住先国にまだ帰化していないのでこれまで滞在国の選挙に投票することができなかった、投票ということを一生に一度でいいから経験したいという理由から、大使館所在地まで長距離バスを乗り継ぎ、泊まりがけでやって来て、在外選挙人登録を申告した。この申告を受けて我が国の在外国民として選挙人名簿に登録され、「在外選挙人証」が発行された。ご本人の喜びはいかばかりであったか。さて、この人は次のステップとして、投票を行うこととなる。しかし、①南米の地方農村地帯にいて、日本で選挙があることをどのようにして知るのだろうか。②国政選挙に立候補した大勢の人の中からどのように投票する人を選ぶのだろうか。③政党や個人の政見をどのように知るのだろうか。④立候補者名簿や候補者の政見が記載されている選挙公報は在外公館に届くが、それを読むことが出来るのだろうか。⑤ある政党が多数を占めた場合どのような国造りが行われるか、と言った我が国の政治事情について必要な情報を手に入れる機会がさほどあるとは思えないし、いったい何を基準にして代表者を選ぶというのだろう。⑥国内政治の影響を直接受けない選挙人に国政の未来をゆだねる代表を選ばせて問題はないか。などなど素朴にしてかつ基本にかかわる問題点が次々に浮かんでくるのである。

この一九九八年の公職選挙法改正法は、一九九九年（平成一一年）から施行されたが、この実施運用に関して在外領事が果たす役割はかなり大きいと言える。在外領事の選挙事務の一端をご紹介しよう。

日本国内では、人は、出生して戸籍と住民票に登録され、一定年齢に達すると「自動的に」選挙人名簿に登録される。また、転居しても新たな住所地に転入届を出せば転居先の選挙人名簿に「自動的に」移される。このようなシステムの下では、本人が自ら選挙人名簿へ名前を登録するために何かすることはない。せいぜい選挙人名簿を縦覧し、自分の名前が名簿に登載されていることを確認するにとどまるが、それすらも行わない者がほとんどであろう。かくいう私も選挙人名簿を縦覧したことがない。要約すれば、本人が何もしなくても選挙人名簿に登録され、選挙が行われるときには投票の参考となる選挙公報や投票所入場券など必要書類が送られてきて、投票する段になれば、住んでいる所の近くに設けられた投票所で投票することが出来る仕組みになっているのである。おまけに投票日は休日に設定されるようになっている。いわば、口を開けてただ黙っていれば口の中に饅頭を入れてくれるようなものなのである。

しかし、国外ではそうなってはいない。自ずから在外公館へ行き、一時的滞在者でないことを裏付ける書類を出し正当な在外選挙人であることを立証して、在外選挙人名簿へ登録するよう申告しなければならない。しかし、これがなかなかできない。自分の権利を主張することに慣れていないのである。自身で申告して選挙人名簿へ氏名を登録することは、いわば世界中のどの国でも行われている。例えば、アメリカのような移民国家では、国内に現に居住していても不法滞在者など色々な居住者がいて一律には扱いきれないので、国内での投票に限ってみても、誰を選挙人とするかは重大な問題なのである。さらに、途上国において選挙人登録をする人達が炎天下行列している様子が国際ニュースで映し出されることがあるが、選挙人を特定すること（場合によっては、政権に反対する者の登録を行わないこともできる）は選挙に大きな影響を与えることも十分ある。ましてや在外選挙についてみれば、我が国のパスポートを持っていれば日本国籍者であることが推定されるし一定年齢に達していることも分かるが、選挙人資格を失うような事情（公職選挙法違反などにより公民権停止中のこともある）が本国において生じている可能性もあるので、パスポートを持っているだけでは選挙権の有無は判定できない、など選挙権に関わることは単純に話を進められないのである。

このような自ら何らかの行動を取らなければならないというときに、日本人一般の思考は、なぜ国内のように自動的に登録しないのか、選挙手続きのシステム設計が悪い、と機械的処置を求める方向に話を持って行こうとする。例えば日本で外国への転出届を出したときに、日本の選挙人名簿から削除して在外選挙人名簿へ転記すれば済むではないかという風に考えが進んで行くのである。もっともな意見に見えるが、海外転出届後の海外滞在の実態については必ずしも届け通りというわけではなく、その届けに従って選挙権の話を進めることは出来ない。在外領事としては、このような邦人の反応は「世界との文化の違いの故に起こったものだ」と評論家を気取るわけにはいかないので、ありとあらゆる機会をとらえて在外選挙人登録をするよう働きかける。日本人会事務所や日本食堂など主だったところへポスターを貼りだし、現地の日本字ミニコミ誌へ登録呼びかけ文の掲載を依頼し、種々工夫を凝らしてPRに努めることとなる。しかし、「選挙人名簿登録申告に在外公館まで行くのが面倒だ、書類を整えるのが億劫だ、そんなことをする時間がない」など自己の権利を申告したくない理由はいくらでも挙げられる。それをかいくぐり、数時間をかけて地方都市へ出向いて在外選挙人登録をお願いする、しまいには公館近くの先方事務所へ出向いて申告書を受理することとすらする。さらには公館から離れた地方都市のホテルの会議室を借りて臨時領事事務所を開き（そのためには任国の同意が必要となる）、在外選挙人登録やその他の事務を扱うので是非この機会を利用して欲しいと手紙などで事前PRする、といった努力を繰り返してみても登録率は思うようには上がらない。

ニューヨークにいた私の同僚領事は選挙人名簿登録のＰＲを熱心に行っていたが、ある日を境にネット上で悪口を書き立てられた。その頃彼の回りに何があったかは知らないが、後からその書き込みのコピーを読む機会があった。それは事実無根をならべたて個人に対する罵詈雑言に満ちていて、読みながら本当に気分が悪くなり、広報活動の意欲をそがれるものであった。

さて、いざ選挙が実施されることとなり、投票所を開設してみても、投票率は低くてせっかく開いた投票所では常に閑古鳥が鳴いている有様である。国内の場合と違い自宅のごく近くに投票所があるわけではないことも一因であろうかとも思うが、それだけではないだろう。投票所には在留邦人に投票立会人を依頼してあるが、せっかく時間を割いて来てもらったのに手持ち無沙汰で無聊をかこつ有様である。

一九九〇年代に在外選挙制度の創設を求めて活動していた「在外選挙ネットワーク」が盛んに主張していた選挙権を求める邦人の声は何処に行ってしまったのか。ロンドンにいたときロンドンの「ネットワーク」責任者に何回も接触を試みてみたが応答もなく、そうした運動が如何に根のないものであったのかが分かった気がした。

やがて数日間行われていた投票が締め切られれば、その投票用紙をとりまとめ封印し、至近の飛行便に乗って日本まで携行して行くことになる。その投票送付書に書くべき記入済み投票用紙枚数の数字を書き損なえば、例え一票少なくても、国民の重要な意志を示した投票用紙が行方不明になったと大騒ぎになる。どこそこの公館からとどいたものは送付書より一票足りなかったので選挙に不正があったのではないか、と新聞に書き立てられる始末である。領事が投票用紙を日本に運んでいる間にその公館では領事の行うべき援護活動が滞っているかも知れないのに、数票のことでそんなに言われなければならないのかと、時には我が国在外選挙制度の欠陥だと八つ当たりもしたくなる。もちろん正確であるに越したことはないが、人のやることには間違いもあるし、大勢に影響しない程度のことは大袈裟に騒ぎ立てることもないのではないかとも思う。数字の記入間違いの可能性が大きい数票の行方不明問題より、選挙がらみでは、例えば、国内での「なりすまし投票」のような重大な事柄があるではないか。

以上述べたようなさまざまな苦労はあるのだが、領事が在留邦人の本来的な権利行使のために日々地道な努力をしていることは、邦人の信頼を勝ち得ることにつながっていると思う。在英大使館において領事部長として在外選挙の広報や投票所運営に取り組んだ経験から、ロンドン市内のみならず英国全土にいる在留邦人のあらゆるクラスの人と接触して広報をすることを通じて、領事は本来、在留邦人の利益を現在のそれだけでなく、将来に亘る利益をも擁護するために活動するものだという、本質的な部分を理解してもらえたのではないか、と思っている。

（二）これからの領事官の道

日本国内における戦後民主教育の浸透により国民の領事官に対する意識も、戦前のそれと異なってきた。海外で日本人の監督者として取り締まるといった感覚は通用しなくなっている。人権思想の展開、国民の権利意識の変化を受けながら、領事官は毎日生起するあらゆる事態に迅速に対応しなければならない。我が国は、二〇一三年（平成二五年）の時点で、全世界に合計二〇四の在外公館を展開させており、それらの公館に合わせて約四〇〇名の領事官が配置されているのである。在留邦人数や邦人旅行者が多いところにある公館へは複数名の領事事務担当要員が配置されている。このように、確かに担当官数は戦前のそれを大きく上回っているのだが、海外に住んで活躍する邦人数や観光旅行者数は比べものにならないほど増えている。また、そうした邦人が滞在している所も大都市にとどまらず、かなりへんぴな普段名前を聞いたことがないような地方にも広がっており、領事が目配りすべき邦人数が増えたのみでなく、その範囲も駐在地から大きく広がりを見せているのである。

また、国内の法制度の整備（例えば、海外送金の制限、特定国人の入国規制のようなこと）、国際関係の進展に伴う諸条約の締結と条約やそれにかかわる滞在国の法律により邦人が負わねばならない義務（例えば、事業者の排出水の水質管理、児童ポルノ取り締まり条約にともない愛児の入浴中の写真は撮ってはならない、など私的趣味への配慮）の煩雑化などにつれ、法制度や規則にかかる専門的知識の要求が大きくのしかかり、領事の守備範囲は質的にも広がってきている。そうしたことを加味すると、現状では増大し専門化している領事官の担当事務の量的・質的変化、そして国民からの要請の多様化により、領事官はいま目の前に生じている職務を円滑に処理することに精一杯な状態にある。

在留邦人の現状を観察し、国に対する要望を分析し、本省に問題を提起するのが海外に駐在する領事官の本来的職責であるが、それをする余裕がない。現状観察や分析をするには充分な考察と教養に裏打ちされた意欲・問題意識が必要とされる。しかし、現実では日々の仕事に追われ疲労困憊してしまう。任地の歴史や社会構造について勉強することが出来ない。任地に関する教養を身につけるために美術館、博物館を見学してみたり、芝居やミュージカルを楽しみに劇場へ行ってみたりしたいのだが、そうする時間がなかなか取れない。それどころか、任地の有名人（政治家、学者、事業家、名門の当主やその夫人、芸能人など）の名前を知ることもままならない。

以前、著名な日本人評論家が新聞紙上で、「著名な映画監督が某国にある日本大使館にヴィザ申請を出そうとしたら領事は窓口への本人出頭を求めた。無礼にも程がある。国際的著名人の名前すら知らないのは不勉強すぎる」と非難の論評を発表されたことがある。誠にご指摘ごもっともであるが、上述のように、領事は任国で映画を観にゆこうにもなかなか時間がとれないのが実情であるのだ。私がタイに勤務していたとき、久しぶりに休日の館員親睦ゴルフ・コンペに参加し、まさに難しいパットをきめようとした瞬間に携帯電話が高らかに鳴りわたり、結局観光旅行者援護のためコンペをリタイアし現場に急行したことがあった。こんなことは別段珍しくないのであって、中には自宅と事務所の往復が日課となっている者もいる。現地人の人情を知らずに日本人との間に生じたトラブルの仲介はできっこないのだが、現地の風習や現地人の一般的思考回路にまで知恵が回らず、なかなか問題解決の糸口が見いだせないで事態をこじらせたりして、領事本人もそのことを悩んでいる。

こんな経験をしたことがある。暴力事件を起こし留置場に入れられている若い邦人を救い出すため、朝からあちこち走り回り午後に入ってようやく釈放してもらい、若い邦人でも泊まれる安いホテルを探して連れて行き部屋に落ち着かせた。その頃にはもう夜となっていたのだが、昼食抜きの空腹をかかえて公館に還ると他の館員は勤務を終えて帰宅済み、事務所は真っ暗となっていた。昼夜兼用の食事をする間もなく、援護事務の細部を忘れないうちにと報告書のメモをまとめることとなる（後から本人や家族から援護事務処理にクレームがでたときに、細かい点の記憶がはっきりしていないのでは済まされない）。そうこうするうちに、ホテルに連れて行った邦人が外出して路上の飲み屋で飲酒の上現地人と喧嘩沙汰を起こした、との連絡が入り再び警察へ駆けつける。本人に対し少なくとも今晩はホテルを出ないことをくどくど言い聞かせ、ホテルのマネジャーに外出しないよう注意して見ていて欲しいと頼み込む。しかし、ホテルは監獄ではないし部屋に閉じこめることは出来ない。後は本人の自覚次第と言うことになり、トラブルが起こらないことを祈るのみである。

こんな事が毎日起こるわけではないが、似たような状態に振り回されたことは数え切れない。援護要請は時間や場所を問わずに行われるわけで、休日の深夜にたたき起こされることはいわば日常茶飯事といえる。

このような主に体力を必要とする援護事務に対応するには交代要員の確保が必要であり、そのための領事増員は急いでやるべきだろう。それに加えて、在外公館全体として現地人との交渉能力を高める対策（例えば領事を補佐する高学歴な現地国籍補助要員の雇用、英語など仕事に使う言葉の学習機会確保、キャリア館員あるいは先輩館員による助言や監督を適当なタイミングで行う体制の整備）にも力点を置くべきである。総じて言えば、在外公館の第一線で走り回る領事官の能力、単に語学力だけでなく、人間性そのものの充実が求められる。

《新時代にみあった領事規則の制定を》

戦前には領事官が職務の執行に当たり準拠すべき「領事規則」が制定されていたのであるが、戦後そのような規則制定の議論はなされていない。個々の事務について国内法や国際法を基とした詳細な訓令が発出されており、それはそれで重要なのではあるが、実務的にはいささか使い勝手が悪い。現在のように行政事務が高度に専門化・細分化され、様々な規制が一般法の中に例外規定としておかれていてきわめて複雑な体系をなしている社会では特にそうである。現代はかつてのように一般常識で判断して事務処理を行うことが出来なくなっている。従って、在外の領事官はその職務執行に当たり、膨大な訓令集に通じていることが求められるのである。また常時国内の法令改正の動向に注意を払い法改正の背景を記憶しておき、外務本省から流れてくる訓令の意図するところを注意深く読まねばならない。膨大な訓令集は外務本省でもきちんと編集整理して在外領事の用に供するのであるが、それでもなお訓令を充分理解するにはかなり骨が折れる。専門用語を用いている場合や法律中に特別の定義規定がおかれている場合には、特に慎重に読み進めなければならない。訓令が対象としている行政事務について習熟していないことも理解を難しくしている原因の一つであろうが、様々な官庁にまたがっている国内の行政事務の全てについて習熟するなどと言うことは不可能であるし、知らない行政事務の細部については経験を基に想像するしかない。新しい事態が生ずる、あるいはこれまであまり扱ったことがない窓口申請があるたびに訓令集をくり、更に必要に応じて法令集に当たって事務の意図する目的を知り、理解が難しい部分については自分の行政官としての経験を動員して事態を想像してみる。このように努力しているのだが、確信を持って対応できないことも起こっているという悩みがある。もちろん外務本省の担当課に問い合わせ相談することも出来るが、日々窓口で発生している事柄について窓口来訪者を待たせて担当課へいちいち相談するわけには行かない。日本と任地との時差もあるので、東京への相談が常に可能であるわけではない。しかし、相談が出来ないからといっていい加減な処理をすれば迷惑を被るのは国民であるし、それは避けねばならない。これが世界各地で在外領事が直面している状況であるが、それらは充分に知られていないのが実情である。

一（四）（d）に記述してとおり、今次大戦前には「大日本帝国領事規則」があり、そこに領事官が職務遂行に当たり重視すべき基本方針が示されていたのである。領事官がその事務の執行に際してよりどころとすべき基本的訓令、領事官の任務の目的を一般的に定める訓令が必要なのではないか。この訓令に準拠して事態の解決にあたり、行政上の各種申請をさばけるようにすれば、領事官の負担は大幅に軽くなると思う。

法により与えられた任務をよりよく遂行し、国民から信頼されかつ国民の福祉向上に資することは、多くの公務員にとって喜びであり、在外領事官もその例外ではない。むしろ、在外領事官はそれを実現することに生き甲斐を感じ、日々厳しい勤務環境に耐えている、とすら言える。その任務の意義は、国民の意図するところをよく見極め、国民全体を等しく支援し、かつそれを果たすことが我が国の国際的地位の向上すなわち国益に適うというところにある。そのために、我が国が意図している行政目的を過不足なく達成するよう努力しなければならないのである。今後、新時代にみあった領事官規則を作るように、議論を深めて行くことを提案したい。

誰も知らない領事の仕事
異国の空の下、邦人を守る

2015年　6月1日　第1刷発行
著　者　大日方和雄　船越博　山本譲
発行人　酒井 武史
発　行　株式会社 創土社
〒165-0031　東京都中野区上鷺宮 5-18-3
TEL　03（3970）2669
FAX　03（3825）8714
http://www.soudosha.jp

印刷　シナノ
ISBN:978-4-7988-0223-7　　C0030
定価はカバーに印刷してあります。

パラグアイのサバイバル・ゲーム

〝南米のへそ〟世界一親日国の秘話

著者：船越　博

本体価格：一五〇〇円＋税

ISBN：978-4-7893-0055-1

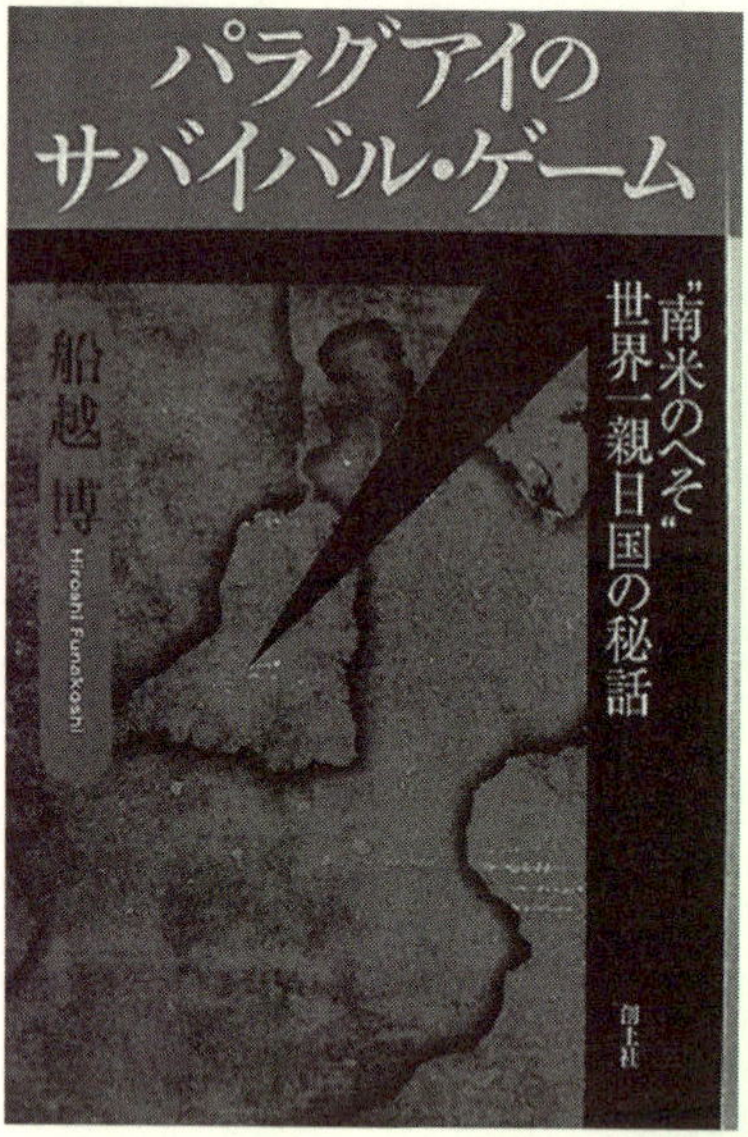

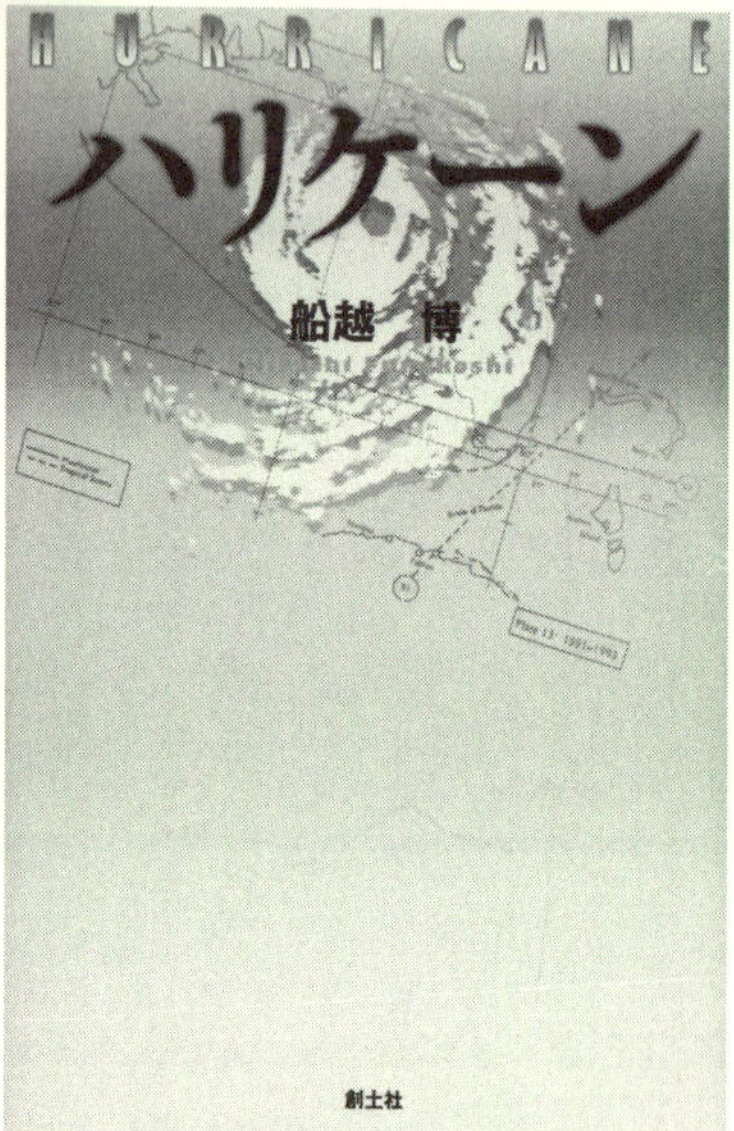

ハリケーン

著者：船越　博

本体価格：一二〇〇円＋税

ISBN：978-4-7893-0063-6

（全国書店からご注文できます）